"The Survivor"
AND OTHER POEMS

THE LOCKERT LIBRARY OF POETRY IN TRANSLATION

ADVISORY EDITOR: JOHN FREDERICK NIMS

FOR OTHER TITLES IN THE LOCKERT LIBRARY SEE PAGE 159.

"The Survivor"

AND OTHER POEMS

by Tadeusz Różewicz

translated and introduced by
Magnus J. Krynski and
Robert A. Maguire

PRINCETON UNIVERSITY PRESS
PRINCETON, NEW JERSEY

Library of Congress Cataloging in Publication Data
will be found on the last printed page of this book

The Lockert Library of Poetry in Translation is supported
by a bequest from Charles Lacy Lockert (1888–1974), scholar
and translator of Corneille, Racine, and Dante

This book has been composed in Linotype Primer

Printed in the United States of America
by Princeton University Press,
Princeton, New Jersey

THESE TRANSLATIONS ARE FOR

Elizabeth Krynski

Contents

Translators' Introduction

TADEUSZ RÓŻEWICZ began to write verses as a schoolboy in the late 1930s; he published a few poems in literary journals immediately after World War II, and put out a volume of poetical satires in 1946. All went unnoticed. But the collection of poems entitled *Anxiety* (*Niepokój*), which appeared in 1947, won him immediate recognition as a major new talent. Successive volumes established him as the most influential Polish poet of the entire postwar period.[1] One critic estimates that fully a third of the poets who made their debuts in the decade between 1956 and 1966 imitated him in some way. More recently, he has become the target of hostile writers who, following the normal rhythms of literary life in most countries, are intent on dislodging him from his preeminent position.

Różewicz is not only a first-rate poet. In the highly original Polish experimental theater he is, together with Mrożek, the most important playwright, his best-known works being *The Card Index* (*Kartoteka*, 1961) and *The Witnesses, or Our Little Stabilization* (*Świadkowie, albo Nasza mała stabilizacja*, 1962). Furthermore, he has produced a number of scenarios for the internationally famous Polish film industry, for the most part in collaboration with his brother Stanisław, a well-regarded director. He is a prolific essayist, largely on literary and cultural topics, and he has created a respectable body of prose-fiction, the best examples being the short stories "Excursion to a Museum" ("Wycieczka do muzeum," 1959), "That Old Bitch" ("Ta stara cholera," 1964), "At the Diplomatic Post" ("Na placówce dyplomatycznej," 1964) and, most recently, a short novel entitled *Death Amidst Old Stage Props* (*Śmierć w starych dekoracjach*, 1970).

Różewicz was born in 1921 and thus shared the destinies of the first generation to grow up in a Poland that had regained its independence after some 150 years of partition among Russia, Germany, and Austria. It was a self-assured and optimistic generation, which was coming to maturity when the Germans invaded in September, 1939. The five ensuing years of occupation were far harsher than in Western Europe. Poland lost six million people—nearly one-fifth of its total population. Warsaw, its capital city of more than a million, was almost totally destroyed. World War II was unquestionably the most traumatic event in the history of one of Europe's most civilized nations.

The war was no less traumatic for Różewicz personally. As a native of the small provincial town of Radomsko, he saw the brutalities of the occupation in high relief. His brother was shot by the Gestapo in 1944. He himself served in the Home Army (the military underground) in 1943–1944. The war pervades all his writing, directly and indirectly. Of course, he is not the only Polish writer to explore this theme, but his treatment of it has seared itself on the minds of his contemporaries. As one of the most talented writers among them has said: "We were all twenty-four then, and we all survived being led to the slaughter, but only Tadeusz Różewicz expressed this experience on behalf of the entire generation so graphically, so brutally, and so simply. His 'I' became the voice of his generation."[2]

The "experience" created a profound problem of faith among Polish writers. It was not the problem of faith in God, which had tormented European intellectuals in the nineteenth and early twentieth centuries, but rather of faith in man and all man's works. As Różewicz himself put it: "I felt that something had forever ended for me and for mankind, something that neither religion nor science nor art had succeeded in protecting. . . . For me, a young poet who had revered the great poets, both living and dead, as gods, the words of Mickiewicz that 'It is more difficult to live through a day well than to write a good book' became understandable all too early; all too early did I understand Tolstoy's statement that the writing of a primer was of greater significance to him than all the great novels."[3]

This attitude lies at the heart of all Różewicz's art. He has always harbored a deep suspicion of general ideas, of theories, of philosophies. He regards the entire cultural heritage of the Western World as a construct of semblances and deceptions that conceals a colossal lie. Spiritual values to him are illusions, or, at best, projections of idle yearnings. Especially emphatic is his rejection of art. In 1945, he had begun to study the history of art at the Jagellonian

University in Cracow, but his attitude was even then ambiguous: "I was full of worshipful admiration for works of art (the aesthetic experience having replaced the religious), but at the same time, there grew within me a contempt for all aesthetic values."[4]

Life, not civilization, is the pervasive motif of Różewicz's poetry of the 1940s and early 1950s. And it is as gruesome a picture of life as can be found in any postwar writer, for it is drawn largely in terms of death. In these early poems, Różewicz is obsessed with the body—but it is a body brutalized by war. Man often seems to be nothing more than an animal, or a mere mechanism with a tube to ingest and excrete food. If he has survived the war, he is indifferent to the sufferings of those who did not ("Waiter, the Check"). Yet Różewicz is no nihilist like Gottfried Benn (despite certain similarities of imagery). Men are not invariably beasts. Frequently they yearn for moral and ethical guides, for clear distinctions between good and evil, much as Chekhov's characters do. Though Różewicz does not believe that such guides and distinctions can be found, he seems convinced that men must at the very least avoid insensitivity and cruelty in human relations, and strive for honesty and directness. Różewicz has often been dubbed a moralist; perhaps "qualified humanist" would be the better term. A character who turns up often in his work is an old woman who embodies those positive virtues. She is set in contrast to the male, who is ever ready to strike poses, pursue chimeras, and drench the world in blood. For instance, in "A Tale of Old Women" ("Opowiadanie o starych kobietach," 1963): "Hamlet thrashes about in the net / Faust plays a role base and comic / Raskolnikov strikes with an axe / old women are / indestructible / they smile indulgently / God is dying / old women get up as usual / buy bread wine fish at dawn / civilization is dying / old women get up at dawn / open windows / remove impurities / man dies / old women wash the corpse / bury the dead / plant flowers on graves . . . / their sons discover America / perish at Thermopylae / die on crosses / conquer the universe / old women go out at dawn / to the town they buy milk bread / meat season the soup / open windows."

The glorification of the common man was a virtue preached (if not practiced) by socialist realism, the theory of art that was binding in Poland between 1949 and 1955. For that reason Różewicz made an easier adjustment to the official ideology of those years than did many other writers. He wrote several poems about socialist construction (which was a standard theme in literature then). In his eyes, however, socialist realism was important not for its promises of more consumer goods or new buildings, but for its emphasis on humanistic values. As he wrote in 1950: "The time that is coming / is more beautiful / people will not die like larvae / communism will raise people up / will wash away the times of contempt" ("Czas który idzie"). Nevertheless, he was chastised by the ideologues for refusing to bury his obsession with the war and for failing to be consistently optimistic, as socialist realist writers were expected to be. For a time, he found it impossible to publish his poems. To avoid being drawn into the intensive sessions of "criticism and self-criticism" that were *de rigueur* for Polish writers in those years, he moved from Cracow to Gliwice (Silesia), a mining town that could hardly make any claim to cultural distinction. Understandably, he grew disillusioned with socialist realism. His poem "In Connection with a Certain Event" ("W związku z pewnym wydarzeniem," 1953) anticipated by two years the criticisms that would be leveled against repressive conditions in Stalinist Poland and would initiate a "thaw" in virtually all aspects of Polish life, particularly in the arts. (Naturally, the poem was not accepted for publication when it was written.) Unlike many of his fellow writers, Różewicz did not translate his disillusionment into formal experimentation or into an insistence on art for art's sake: he clung to his characteristic attitude of the humanistic anti-aesthete.

From the mid-1950s onward, Różewicz's poetry no longer treated the war so starkly. As he said in "The Plain" ("Równina," 1954): "Too long have I grazed in the meadows / of your cemeteries Dead people / turn away from me." The body continued to fascinate him, but carnage yielded to carnality. There was a growing emphasis on the themes of sexual obsession, pleasure-seeking, money-grubbing, and playing at culture: they were seen as frenzied attempts to escape the terrible boredom of a society that mainly valued the acquisition of consumer goods. Różewicz's travels to Western Europe in the late 1950s and early 1960s provided him with effective settings in which to explore these themes (see, for instance, "Continuous Performances" and "Following the Guide"). Poland had not yet achieved the affluence of its neighbors to the west, but Różewicz seemed to foresee the same fate for a people just emerging from Stalinism and thirsting for material goods. The subtitle of the play *Witnesses, or Our Little Stabilization* has become a proverbial expression for the new Polish petty bourgeoisie, whose only aspirations fix on objects and money, whose only moral imperatives are an easy adjustment to any situation and a refusal to seek out challenges lest the comfortable "stabilization" be shaken.

At the same time, many of the people in Różewicz's works yearn for something more, for a kind of Arcadia. This theme appears as early as 1947 ("Masks"), but it is especially insistent from the early 1960s onward. It may be the Arcadia of prewar Poland, with the moral, national, and religious values that in retrospect look like verities; the Arcadia of innocent childhood; the Arcadia of foreign lands (Italy in particular); even the Arcadia promised by socialist realism. But there are no Arcadias. Man thirsts for values, yet distrusts all values. He seeks a paradise lost, yet knows it is lost beyond recall. He hopes to flee to exotic foreign climes, yet he cherishes the familiar surroundings of his provincial town and his simple home. He is uncomplicated, almost morally radiant, yet capable of cruelty, even savagery. Indeed, such pointless and frustrated yearnings create the tensions that confer a unity on many of Różewicz's poems. There is nothing distinctive about Różewicz's characteristic hero except his lack of distinction. He most likely lives in one of the lower strata of society, perhaps running a newspaper concession or serving out his time as a minor bureaucrat. He speaks in the "voice of an anonymous man," to use the title of one of Różewicz's collections of poetry (*Głos anonima*, 1961). He is a man who finds it possible to be *and* not to be simultaneously ("Précis")—the very antithesis of the hero of nineteenth-century romantic poetry, who played such an important part in defining the Polish national consciousness, especially in the poems of Mickiewicz and Słowacki.

Art is no more a solution to these problems in Różewicz's later works than it is in his earlier ones. If anything, his hostility toward "beauty" is even more marked. For instance, "Et in Arcadia Ego" (1960–1961), a kind of gloss on Goethe's *Italian Journey*, attempts to destroy the myth of Italy as the epitome of beauty and spiritual equilibrium. Różewicz has nothing but scorn for writers who seek to practice "pure" art. The hero of "A Voice from Croisset" is Flaubert, whose entire life consists of a search for stylistic perfection and the *mot juste*; as far as Różewicz is concerned, it is a blighted, wasted existence. He is equally contemptuous of all the trappings of "literary society" that are so dear to most of his fellow writers ("Lyrical Classified Ads"); he continues to shun the traditional literary centers of Warsaw and Cracow, living instead in Wrocław (which is third, or perhaps now second in importance).

The poet-figure who is prominent in Różewicz's poetry is himself an ordinary citizen who disclaims any special powers and even revels in his own limitations ("Stone Imagination"). He speaks, yet suspects that his voice is not heard, that he can work no real change in society, that he is really little more than a tape recorder registering the babble of life ("It Is Possible," "Way Out"). Shakespeare figures prominently in the elaboration of this problem. In "Conversation with the Prince," the poet contrasts himself unfavorably with Hamlet, who, though indecisive, at least is capable of imposing his concerns upon the world. In "Nothing in Prospero's Magic Garment," the modern Caliban is represented by the masses, who presumably thirst for an inspiring word from the humanist poet (a modern Prospero), but instead hear only the empty verbiage of press, radio, and television. Różewicz obviously stands in awe of the complexity, energy, and efficacy of Shakespeare's heroes; but he is also fascinated by the less admirable personages. For example, he identifies Polonius with the man of today and even with the poet of today, seeing him as a petty, calculating rationalist who is incap-

able of posing the great existential questions, who can go
no further than Eliot's J. Alfred Prufrock, whose "over-
whelming question"–"Do I dare?"–is addressed not to mat-
ters of life and death but to the satisfaction of carnal lust.

Why, then, should the poet speak at all? It is not easy
to say: Różewicz's attitude embraces yet another of the
tensions that are so characteristic of his art. The poet
ought to be at the same time a poet and a non-poet; he
should speak in his own voice, yet involve himself in
mundane life so as to be indistinguishable from the or-
dinary citizen. An essay written in 1968 ("Graffiti") ex-
plores the question more explicitly. Różewicz speaks here
of Jean-Paul Sartre, who is highly unpopular with Poland's
intellectuals because of his vacillations among sundry
ideologies of the extreme left and because of his failure,
as they see it, to appreciate how well off he is in a free so-
ciety. Referring to the events of May, 1968, in Paris, when
Sartre went over to the Maoists, Różewicz writes: "The old
Sartre eventually understood (after having scribbled off
100,000 pages) that all this was impossible, and he
dropped it, grabbed a bunch of leaflets, and rushed out into
the street with the lads. I hear he was thrown into the
clink. I never had much sympathy for Sartre, despite my
respect for his great intelligence, but now he has earned
it. A splendid End-Game."[5] Clearly, Różewicz dislikes the
specific coloration of Sartre's social and political commit-
ments, but he admires his decision to lay down his pen
and involve himself in "real" life. The same fascination
with artists who abandon their art is evident in the poem
"Méliès," about the pioneering film-maker who lives out
his life as a clerk in a toy shop; in "Memory of a Dream
from the Year 1963," where Tolstoy the moralist (not the
novelist) is presented sympathetically; and in "Way Out,"
where Rimbaud, after renouncing poetry at the age of
eighteen, devotes himself to various "practical" occupa-
tions.[6]

The predominantly gloomy tone of much of Różewicz's
art stands in marked contrast to the two most important
schools of Polish poetry during the twenty years preceding
World War II: Skamander, and the Cracow Vanguard

(also known as the First Vanguard). The poetry of Ska-
mander, whose most outstanding representative was Julian
Tuwim, is suffused with optimism and vitalism, which
owes much to the then-fashionable Henri Bergson. The
Cracow Vanguard—made up of younger contemporaries—
was led by the theoretician Tadeusz Peiper and the poet
Julian Przyboś. They too cultivated optimism, although
their attitude stemmed from a vague faith in socialism
and from a belief, shared with the Futurists, in the salutary
powers of technology and urban civilization. However,
they rejected the poetic techniques of Skamander, which
relied heavily on rhyme, meter, euphony, traditional stan-
zaic patterns, a lyrical, even sentimental strain, and a per-
ceptible story-line in most poems. Instead, they cultivated
a concise, often elliptical manner. For them, the poem was
built on the metaphor, which was likened to the deploy-
ment of form in abstract painting: it was designed not to
describe the world but to create an autonomous poetic
reality.

At first, critics tended to regard Różewicz as a follower
of the practices of the Cracow Vanguard. There are some
points of similarity. Różewicz does reject the sort of poetic
techniques cultivated by Skamander (although this is gen-
erally true of almost all postwar Polish poets). Like Przy-
boś, he scorns any suggestion of logical development,
relies heavily on visual imagery, and works for understate-
ment, not bombast. But here the similarities end. Różewicz
is opposed to any poetry that—like that of the Cracow Van-
guard as well as of Skamander—is interested primarily in
the niceties of form and in "beautiful" effects. As he saw
it, the Vanguard's work was far too esoteric for most read-
ers and was therefore deficient in the quality that any true
poetry must possess: the ability to speak immediately and
unambiguously to its audience. If we look for affinities
with other poets, a more fruitful area would be the work of
such French avant-gardists as Guillaume Apollinaire, Max
Jacob, and Blaise Cendrars, as well as their Polish counter-
part Adam Ważyk (born 1905). The emphasis on physi-
ology and the disgust with man's moral pretensions link
Różewicz with the German expressionist Gottfried Benn.

Unlike the surrealists, however, he is profoundly humanis-
tic; unlike Benn, he is fundamentally a moralist.

The principles of Różewicz's poetic work are contained
in a statement he made in 1965: "I consciously gave up
the privileges that accrue to poetry . . . and I turned to the
banal truth, to common sense. . . . I returned to my rub-
bish heap."[7] By "privileges" he means virtually all the
"traditional" resources of the poetic art as employed by
Skamander in particular. In their place, he puts a deliber-
ately "unpoetic" diction, with a garden-variety lexicon and
the rhythms of ordinary speech, which often resemble
stuttering. His aim is to create "not verses but facts."[8] The
result is what critics have called a "naked poem." Różewicz
makes scant use of metaphor or hidden meanings: this
is a deliberately anti-symbolic poetry, a poetry very much,
as he put it, of the "here and now." It abounds in clichés
from politics, journalism, and literature (see the "cultivate
your garden" of "Croisset"), and it advances a "common-
sense" outlook that sometimes resembles the homespun
style of a copybook and frequently passes into banality.

At first glance, Różewicz seems to have achieved what
some have called the "prosaization" of poetry. Often, in
fact, he has been accused of eradicating the boundaries be-
tween a poem and a newspaper article. Certainly many of
his imitators have done so, but Różewicz has not. His
poems are carefully crafted. For him, the word (rather
than the sentence) is the basic unit, as is demonstrated by
his strong reliance on enumeration (e.g., "Following the
Guide"). Unlike Mayakovsky's, his poetry is not intended
primarily for declamation, even though it is built on the
rhythms of ordinary speech. It is a visual poetry that seems
to reflect the roaming eye or the camera lens. There are
no necessary connections between images, as the absence
of punctuation emphasizes; yet the poems are held together
by carefully created contrasts, particularly between a high-
ly emotional (though seemingly restrained) tone and the
"objective" presentation of seemingly factual data. The
use of clichés and banalities is, of course, a conscious po-
etic device: it reinforces Różewicz's basic themes, particu-
larly his anti-aestheticism, while, ironically, renewing

familiar material by setting it in unfamiliar contexts. Particularly in his later poems, he makes heavy use of a collage-technique (see "Continuous Performances"), which enables him to bring together advertising slogans, news items, headlines, quotations from prose-fiction and poetry, and the like. This mixture serves his idea that the world is a "rubbish heap," in which the "trivial" and the "lofty" may coexist because traditional hierarchies of value have been destroyed. Critics speak of "the Różewicz poem" as a special genre, or of the "fourth system" of versification in Polish poetry (the others being syllabic, syllabo-tonic, and tonic), and they have made Różewicz virtually a classic in his own time by devoting intensive study to his techniques.

In this selection, we have endeavored to offer a sampling of Różewicz's poetry of all periods, from his first volume (*Anxiety*, 1947) through his last (*Regio*, 1969).[9] Understandably, we emphasize quality: his best work, we feel, was done in 1947 and 1948, and from the mid-1950s through the 1960s. His "socialist realist" poems are by and large weaker, but a few have been presented to give the reader an overview of his work. Besides, they are among the best achievements of a period that, though now largely discredited, nonetheless represents a substantial part of postwar Polish poetry. Most of the poems are translated into English for the first time. In the few cases where we have been preceded, we hope that our versions will have sufficient merit to justify the repetition. All poems are complete except for "A Didactic Tale." Różewicz sometimes supplies dates for individual poems; where he has not, we have specified the title and date of the volume in which the poems appear.

A word on annotation. By and large, the realia of Różewicz's poems should cause no difficulty for the English-speaking reader. In a few cases that may be unclear, we have supplied brief notes, which can be found at the back of the volume.

Our translations aim at a nearly literal rendition of the originals. We trust that in this way, the particularly striking features of Różewicz's work—features that have led one recent critic to call that work "the most significant discovery of postwar Polish poetry"—will become clear to the reader.

We are grateful to Ludwik Krzyżanowski for permission to reprint translations that appeared originally in *The Polish Review*.

M. J. KRYNSKI
R. A. MAGUIRE
1975

"The Survivor"

AND OTHER POEMS

MASKA

Oglądam film o karnawale weneckim
gdzie olbrzymie kukły z potwornymi głowami
śmieją się bezgłośnie od ucha do ucha
i panna zbyt piękna dla mnie który
jestem mieszkańcem małego miasteczka północy
jedzie okrakiem na ichtiosaurze.

Wykopaliska w moim kraju mają małe czarne
głowy zaklejone gipsem okrutne uśmiechy
ale i u nas wiruje pstra karuzela
i dziewczyna w czarnych pończochach wabi
słonia dwa lwy niebieskie z malinowym jęzorem
i łapie w locie obrączkę ślubną.

Ciała nasze krnąbrne i nieskore do żałoby
nasze podniebienia smakują leguminę
popraw papierowe wstęgi i wieńce
pochyl się tak: biodro niech dotyka biodra
twoje uda są żywe
uciekajmy uciekajmy.

1946

MASK

I watch a film on the carnival in Venice
where huge figures with monstrous heads
laugh soundlessly from ear to ear
and a young lady too beautiful for me
the inhabitant of a small town in the north
rides astride an ichthyosaur.

Excavations in my country have uncovered small black
heads cruel smiles stuck together with plaster of Paris
yet in our country too a gaudy merry-go-round whirls
and a girl in black stockings lures
an elephant two blue lions with raspberry tongues
and catches a wedding ring in flight.

Our bodies willful and slow to mourn
our palates relish sweets
adjust your paper ribbons and garlands
lean over like this: let hip touch hip
your thighs are alive
let's run away let's run away.

1946

LAMENT

Zwracam się do was kapłani
nauczyciele sędziowie artyści
szewcy lekarze referenci
i do ciebie mój ojcze
Wysłuchajcie mnie.

Nie jestem młody
niech was smukłość mego ciała
nie zwodzi
ani tkliwa biel szyi
ani jasność otwartego czoła
ani puch nad słodką wargą
ni śmiech cherubiński
ni krok elastyczny

nie jestem młody
niech was moja niewinność
nie wzrusza
ani moja czystość
ani moja słabość
kruchość i prostota

mam lat dwadzieścia
jestem mordercą
jestem narzędziem
tak ślepym jak miecz
w dłoni kata
zamordowałem człowieka
i czerwonymi palcami
gładziłem białe piersi kobiet.

Okaleczony nie widziałem
ani nieba ani róży
ptaka gniazda drzewa
świętego Franciszka
Achillesa i Hektora
Przez sześć lat
buchał z nozdrza opar krwi
Nie wierzę w przemianę wody w wino
nie wierzę w grzechów odpuszczenie
nie wierzę w ciała zmartwychwstanie.

LAMENT

I turn to you high priests
teachers judges artists
shoemakers physicians officials
and to you my father
Hear me out.

I am not young
let the slenderness of my body
not deceive you
nor the tender whiteness of my neck
nor the fairness of my open brow
nor the down on my sweet lip
nor my cherubic laughter
nor the spring in my step

I am not young
let my innocence
not move you
nor my purity
nor my weakness
fragility and simplicity

I am twenty years old
I am a murderer
I am an instrument
blind as the axe
in the hands of an executioner
I struck a man dead
and with red fingers
stroked the white breasts of women.

Maimed I saw
neither heaven nor rose
nor bird nest tree
St. Francis
Achilles nor Hector
For six years
blood gushed steaming from my nostrils
I do not believe in the changing of water into wine
I do not believe in the remission of sins
I do not believe in the resurrection of the body.

From *Niepokój* (Anxiety), 1947

OCALONY

Mam dwadzieścia cztery lata
ocalałem
prowadzony na rzeź.

To są nazwy puste i jednoznaczne:
człowiek i zwierzę
miłość i nienawiść
wróg i przyjaciel
ciemność i światło.

Człowieka tak się zabija jak zwierzę
widziałem:
furgony porąbanych ludzi
którzy nie zostaną zbawieni.

Pojęcia są tylko wyrazami:
cnota i występek
prawda i kłamstwo
piękno i brzydota
męstwo i tchórzostwo.

Jednako waży cnota i występek
widziałem:
człowieka który był jeden
występny i cnotliwy.

Szukam nauczyciela i mistrza
niech przywróci mi wzrok słuch i mowę
niech jeszcze raz nazwie rzeczy i pojęcia
niech oddzieli światło od ciemności.

Mam dwadzieścia cztery lata
ocalałem
prowadzony na rzeź.

THE SURVIVOR

I am twenty-four
led to slaughter
I survived.

These labels are empty and synonymous:
man and beast
love and hate
friend and foe
light and dark.

Man can be killed like the beast
I've seen:
cartloads of hacked-up bodies
who will never be saved.

Concepts are but words:
virtue and crime
truth and falsehood
beauty and ugliness
courage and cowardice.

Virtue and vice have equal weight
I've seen:
a man who was both
vicious and virtuous.

I seek a teacher and master
let him restore to me sight hearing and speech
let him once again name things and concepts
let him separate light from dark.

I am twenty-four
led to slaughter
I survived.

From *Niepokój* (Anxiety), 1947

RACHUNEK

Cztery panie w różowych
pończochach
zielony kapelusik
z czerwonym piórkiem
cztery panie dzióbią ciasteczko
ciasteczko bardzo grzeszne
w taki listopadowy narodowy dzień
pan rozdyma się i pęcznieje
świetny kogut w złotym grzebieniu
na kelnera pieje płacić
wschodzi wielkie światło
na srebrnych
konarach żyrandoli
bujają niebieskie ptaki.
Ja były partyzant
przyszedłem porównać
i wypić (nie jestem Savonarolą)
jednak: ta rewolucja
łagodna jak szyja łabędzia.
Gardła ciemno oświeconych
napełnione likierami
barwią się jak neony.
Polegli na polu chwały
niepokalani i młodzi
tak mi was strasznie żal
tak strasznie żal.
Jodełka jak gwiazda zielona
wschodzi na mogiłach.
Cztery panie dzióbią ciasteczko
różowe ciasteczko bardzo grzeszne.

1946

WAITER, THE CHECK

Four ladies in pink
stockings
a little green hat
with a little red feather
four ladies peck at petit fours
petit fours that are very sinful
on such a national November holiday
a gentleman puffs up and swells
a resplendent rooster with a gold comb
he crows at the waiter "the check"
a great light rises
on the silver branches of chandeliers
where those other birds
the carefree rogues strut and warble tall tales.
I an ex-partisan
came here to compare
and have a few drinks (I'm no Savonarola)
yet this revolution is
gentle as a swan's neck.
The throats of their Dis-Graces
gorged with liqueurs
shimmer in a play of neon hues.
You who fell on the field of glory
immaculate and young
I am so terribly sorry for you
so terribly sorry.
A little fir tree like a green star
rises over your graves.
Four ladies peck at petit fours
pink petit fours that are very sinful.

1946

WYOBRAŹNIA KAMIENNA

Leży przy mnie
z grubym złotym warkoczem
ma sen że dzban rozbiła
albo znalazła klucze
albo rozdarła suknię

a ja znam smak cynamonu
znam tylko smak cynamonu
lecz marzę o egzotycznych krajach
gdzie są cynamonowe drzewa
gdzie są drzewa sandałowe
i tu już biedna moja głowa
biedna głowa. Z dwóch filmów
i książek kilku
układam bezbarwny krajobraz
(nie śmiejcie się cudzoziemcy
zwłaszcza piękne panie z magazynów
francuskich i amerykańskich):

Palma albo dwie palmy
i okrągła wysepka
ach niełatwo jest ułożyć
obraz piękny niezwykły
więc tygrysa dodaję
który jest podobny do kota
i dwa ananasy
ananasy widziałem przed wojną
w sklepie Rozenberga

Rozenberg nie zobaczy nigdy
wysp Oceanu Wielkiego
w kloace go dopadli Ukraińcy
skonał uduszony kałem
nie zdołacie wyobrazić sobie
śmierci Rozenberga w miasteczku
koło Piotrkowa w Polsce
piękne cudzoziemki z obnażonymi
białymi piersiami
panie z dworu św. Jakuba
(czytałem o tym dworze w „Echu").

STONE IMAGINATION

She lies beside me
with her thick gold braid
she dreams she has broken a pitcher
or found the keys
or torn her dress

but I know the taste of cinnamon
I know only the taste of cinnamon
yet I dream of exotic lands
where cinnamon trees grow
where sandalwood trees grow
and that's as far as my poor head goes
my poor head. From two films
and a few books
I construct a landscape without color
(don't laugh foreigners
especially you beautiful ladies out of magazines
French and American):

A palm or two palms
and a round little island
oh it's not easy to construct
a picture beautiful unusual
so I add a tiger
that looks like a cat
and two pineapples
pineapples I saw before the war
in Rosenberg's store

Rosenberg will never see
the islands of the Pacific
the Ukrainians caught up with him in the sewer
he died drowned in excrement
you can't imagine
Rosenberg's death in a small town
near Piotrków in Poland
you beautiful foreign ladies with bare
white breasts
ladies from St. James's Court
(I read about that court in *The Echo*).

Jakiż obraz ubogi widzę
wyspa palma i tygrys
wymieniam resztę
dla mnie wyobrażalnych elementów
egzotycznego świata:
wieloryb perła Murzyn
wicekról Indii słoń ośmiornica
figa (raczej owoc figi)
struś i gitary hawajskie.
Tak tak i to już wszystko.

Rozglądam się po pokoju
na stole stoi biały dzban
i nagle zaczynam myśleć
o księżycu ale nie zdradzę
tych myśli nikomu
a przecież pół życia zeszło
(u nas przeciętna lat 50)
i te kraje wyspy morza
są jak małe księżyce
nierzeczywiste martwe.

Więc leżę spokojnie obok
kobiety z grubym złotym warkoczem
ja który znam tylko jeden smak
egzotyczny smak cynamonu
szary człowiek z wyobraźnią
małą kamienną i nieubłaganą.

What a bare picture I see
an island a palm and a tiger
I list the remaining
components of the exotic world
that my imagination can grasp:
a whale a pearl a Negro
the viceroy of India an elephant an octopus
a fig tree (or rather the fruit of the fig tree)
an ostrich and Hawaiian guitars.
So it is so it is and that's all.

I look around the room
on the table is a white pitcher
and suddenly I begin thinking
about the moon but I won't reveal
these thoughts to anyone
even though half a lifetime has passed
(in our country the average is fifty years)
and those lands islands seas
are like small moons
unreal dead.

So I lie quietly beside
a woman with a thick gold braid
I who know only one taste
the exotic taste of cinnamon
an average man with an imagination
stunted stone and implacable.

From *Czerwona rekawiczka* (The Red Glove), 1948

DYTYRAMB NA CZEŚĆ TEŚCIOWEJ

Morze atramentu wypisali poeci
Opiewając miłość do dziewczęcia
Które jest czasem jak gęś
A czasem jak cielę majowe

Były spowijane jedwabiem słów
Żony własne i żony cudze
Lecz żaden rymopis nie wyśpiewał
Pochwały tej która jest matką dziewczyny
Teściowej

To ona zrodziła naszą jutrzenkę
O synowie Apollina
Ona jej strzegła jak źrenicy oka

Ona piastuje owoce
Naszej miłości szalonej
Wstaje w nocy cierpliwa
Przewija przewija przewija

Ona kaczkę upiecze z jabłkami
I zrobi faszerowanego karpia
Ona kalesony upierze
Skarpetki wyceruje i guzik
Utwierdzi przy koszuli
Na wiosnę pilnuje malowania izb
Trzepie dywany wietrzy materace
Rozliczne nieskończone są jej małe prace

Jesienią robi konfitury i kisi kapustę
Kiedy spadnie śnieg zaskrzypi mróz
Jabłuszko znajdzie dla wnuka w komodzie
Czasem chmura groźna i mroczna
Przemknie po jej twarzy
Lecz i boskie niebo swe oblicze chmurzy
Spójrzcie na jej siwe włosy
Każdy włos to jeden dzień jedna łza
Jedna jesień jedna wiosna

DITHYRAMB IN HONOR OF A MOTHER-IN-LAW

Poets have drained oceans of ink
Celebrating love for maidens
Who are sometimes like silly geese
And sometimes like lovesick calves

Their own wives and others' wives
Have been swathed in the silk of words
But no rhymester has yet sung
The praises of the one who is the girl's mother
The mother-in-law

She was the one who gave birth to our dawn
Oh sons of Apollo
She protected her like the apple of her eye

She nurses the fruit
Of our passionate love
Patiently gets up at night
Diapers diapers diapers

She cooks duck with apples
And makes stuffed carp
She washes underpants
Darns socks and fastens
Buttons on shirts
When spring comes she sees to the painting of the rooms
Beats carpets airs mattresses
Varied endless are her chores

Come autumn she makes preserves and pickles cabbage
When snow flies and frost crackles
Finds an apple for her grandson in a chest of drawers
Sometimes a menacing dark cloud
Passes over her face
But even God's sky clouds its countenance
Look at her gray hair
Each hair is one day one tear
One autumn one spring

Ona czujnie patrzy
Pilnuje by nie zgasł płomień domowego ogniska
Kiedy trzeba miotłą odpędzi nocne ćmy
Ona oko i ucho domu
Stoi na straży szlachetnych praw i obowiązków
Kroi pieluszki dla nienarodzonego
Jest wysłańcem praktycznego życia

Za wszystkie głupie żarciki
Rzezańców z pisemek humorystycznych
Za dowcipy zięciów
Którzy piją ("nasze kawalerskie")

Przeproście teściową
Starą kobietę która wyciąga ręce
Aby się ogrzać przy ognisku domowym

Pokłońcie się do samej ziemi
Głupie konie rżące na dźwięk
Tego szanownego imienia
I powiedzcie ludzkim głosem
"Chodź matko do nas"

She keeps close watch
Makes sure home fires keep burning
When need be dispels night's shades with her broom
She is the eye and ear of the home
Guards time-honored laws and duties
Makes diapers for the unborn child
Is an emissary of practical life

For all the stupid little jokes
Of the eunuchs in humor-mags
For the jokes of the sons-in-law
Who drink a toast ("let's stay single")

Apologize to the mother-in-law
An old woman who holds out her hands
To warm herself by the hearth

Bow down to the ground
Stupid asses braying at the sound
Of this honorable word
And say in a human voice
"Come to us mother"

From Uśmiechy (Smiles), 1955

SZYBCIEJ NIŻ W MARZENIU

Dla dzeci górników z Tatabanyi

Widziałem rysunek
siedmioletniej dziewczynki

Był tam dom dwupiętrowy
na frontowej ścianie
można było zobaczyć
każdą cegłę osobno
pięknie wyrysowaną
obok domu
drzewo psa studnię
ptaka nad domem
i słońce
Dziewczynka powiedziała
poważnie
— W takim domu będę mieszkała
jak się skończy pięciolatka —

Nauczycielka szepnęła mi
— Ona zawsze rysuje tak
ładnie i starannie okna
i cegły
bo teraz gnieździ się z rodziną
w ciemnym domku
ulepionym z gliny i drzewa —
potem
dotknęła mojej ręki
Niech pan spojrzy
Za oknem na wzgórzu
rosło nowe osiedle robotnicze
wiatr poruszył na szczycie domu
bukiet zielonych gałęzi

QUICKER THAN IN THE WILDEST DREAM

To the children of the miners in Tatabanya

I saw a drawing
by a seven-year-old girl

In it was a two-story house
on the front wall
you could see
each brick separately
beautifully outlined
beside the house
a tree a dog a well
above the house a bird
and the sun
The girl said
gravely
"I will live in a house like this
when the five-year plan is completed"

The teacher whispered to me
"She always draws windows
and bricks
so nicely and accurately
because now she's cooped up with her family
in a gloomy little house
stuck together from clay and wood"
then
she touched my hand
Please take a look
Outside on the hill
a new worker's settlement was rising
on the peak of a roof the wind was swaying
a cluster of green branches

From *Czas który idzie* (The Time to Come), 1951

BYŁ STYCZEŃ

I

Był styczeń rok czterdziesty piąty
W rowach leżeli martwi żołnierze
martwi pokryci szkliwem lodu
i szara zieleń ich mundurów
znaczona była czarną krwią

Żywych i martwych
wyrzucił w nocy
ze swego wnętrza
mroźny wschód
na klamrach pasów napis
wił się
Gott mit uns

Świt wyszedł
z nocy
okrwawiony

Żandarm
co matkę bił po twarzy
leżał bez twarzy
z głową jak orzech
przez czołg zmiętą
Z nogą w kolanie zgiętą tak
jakby od śmierci uciec chciał

Ogromną masę martwych ciał
wywalił z siebie
groźny wschód
w styczniową noc

IT WAS JANUARY

I

It was January the year 1945
In the ditches lay dead soldiers
dead glazed with ice
and the gray-green of their uniforms
was blotched with black blood

From its bowels
the chill east
expelled at night
the living and the dead
on belt-buckles twined
the inscription
Gott mit uns

Dawn emerged
from night
bloodied

The policeman
who had slapped mother's face
lay faceless
his head like a nut
crushed by a tank
His leg bent at the knee
as if trying to flee death

The dread east
cast out
a huge mass of dead bodies
on a January night

II

Był styczeń rok czterdziesty piąty
I w huku dział
jak liść
tak drżał nasz dom
I w świetle dnia do domu mego
przyszli żołnierze
z Kraju Rad

Zostali krótko na kwaterze
śpiewali pieśni
czyścili broń
pomagali matce
mówili do niej: Matko
mówili: nie płacz matko
nie trzeba

Mijają lata
ciągle widzę
jej uśmiech
przez łzy

II

It was January the year 1945
And in the roar of cannon
our house trembled
like a leaf
And in the bright of day soldiers
from the land of the Soviets
came to my house

They were briefly billetted
sang songs
cleaned their weapons
helped mother
said to her: Mother
said: don't weep mother
no need

Years pass
I constantly see
her smile
through tears

From *Wiersze i obrazy* (Poems and Images), 1952

ŚMIERĆ MIESZCZAŃSKA

Nie jest to śmierć nagła

Nie jest to śmierć żołnierza
który uderzony pięścią pocisku
pada z odwróconą w niebo twarzą

I nie jest to śmierć starego chłopa
który wraca do wnętrza ziemi
spokojnie jak do swego domu

Któregoś dnia
jest to jeden z wielu
dni podobnych do siebie
jak dwie krople wody
w pełnym świetle
albo w środku nocy
zaczyna się konanie

Nie jest to śmierć nagła

Kiedy przestajesz
z dnia na dzień
nienawidzić i kochać
kiedy odkryjesz złoty środek
zaczyna się konanie

DEATH OF A SOLID CITIZEN

It is not a sudden death

It is not the death of a soldier
who struck by the fist of a shell
falls his face turned to the sky

And it is not the death of an old peasant
who returns to earth's bowels
calmly as if to his home

One day
it is one of the many
days resembling each other
like two drops of water
in broad daylight
or in the middle of the night
the agony of dying begins

It is not a sudden death

When you cease
from day to day
to hate and to love
when you discover the golden mean
the agony of dying begins

From *Wiersze i obrazy* (Poems and Images), 1952

GŁOSY NIEPOTRZEBNYCH LUDZI

I

JEDEN Z WIELU

Ja jeden z wielu
ukryty wśród miliarda

Wstydzę się że jestem

Uczeni panowie
profesorowie Vogt Burch i inni
mówią że miliard ludzi
jest na świecie niepotrzebny
Za dużo jest ludzi
więc człowiekowi wstyd że żyje

Tyle tego
biali żółci czarni czerwoni
wszyscy chcą jeść
ubierać się oddychać kochać

Ach oni mają sny marzenia
oni mają pragnienia
oni walczą powstają
Więc co zrobimy z tym miliardem
martwią się panowie
Vogt Burch i inni
Co zrobimy z tym i z tymi

Co zrobicie
z tym chłopcem
który wkleja do szarego zeszytu
czerwony liść dębu
z tym który trzyma w dłoni jabłko
i z tym który biegnie przez łąkę
który leci przez gwiazdę śniegu

Co zrobicie z moim ojcem i matką
co zrobicie
co zrobicie z tym miliardem
niepotrzebnym.

VOICES OF EXPENDABLE PEOPLE

I
ONE OF MANY

I one of many
lost amid a billion

I apologize for existing

The learned gentlemen
professors Vogt Burch and others
say that a billion people
are expendable in the world
There are too many people
so a person is ashamed of being alive

There are so many of that sort
white yellow black red
they all want to eat
clothe themselves breathe love

Oh they have dreams hopes
they have aspirations
they struggle rebel
So what are we to do about this billion
messrs Vogt Burch and others
are worried
What are we to do about this and about such-like

What will you do
about the boy
who pastes into a gray copybook
the red leaf of an oak
about the one who holds in his hand an apple
and about the one who runs across a meadow
who dashes through snow-stars

What will you do about my father and mother
what will you do
what will you do about that billion
that's expendable.

II
KRÓL

Król Faruk wieprz
nadziany brylantami ananasami
dolarami krabami rajskimi ptakami
i innymi dziwami
których nie poznałem
nawet we śnie

Tarza się w błocie
kapitalistycznego świata
darmozjad od urodzenia do śmierci
jadający na złotych półmiskach
Król Faruk właściciel
tysiąca złotych łyżek
miliona głodnych fellachów
były właściciel piramid i Nilu
właściciel dziesięciu pałaców marmurowych
trzech jachtów itd.
Wydzielina waszego świata
obwieszona gwiazdami
i tęczami orderów

Ten jest potrzebny
ten jest bardzo potrzebny
niezastąpiony
brylant w koronie
waszego świata
jego nie przeznaczycie na śmierć
nie udusicie
nie spalicie
dobrzy panowie
uczeni panowie
pełni troski o przyszłość
miliarda robaków
on jest potrzebny i wy jesteście potrzebni
martwicie się co zrobić z nami

a wiecie co my zrobimy z wami
a wiecie co my zrobimy
a wiecie co my...

II
THE KING

King Farouk a hog
stuffed with diamonds pineapples
dollars crabs birds of paradise
and other wonders
I've never known
even in my dreams

He wallows in the mud
of the capitalist world
a parasite from birth to death
eats off dishes of gold
King Farouk the owner
of a thousand gold spoons
of a million hungry fellaheens
the former owner of the pyramids and the Nile
the owner of ten marble palaces
three yachts etc.
The excreta of your world
hung with stars
and the rainbows of medals

This one is necessary
this one is very necessary
irreplaceable
a diamond in the crown
of your world
him you will not earmark for death
will not strangle
will not burn
the kind gentlemen
the learned gentlemen
filled with solicitude for the future
of a billion worms
he is necessary and you are necessary
you worry about what is to be done about us

and do you know what we shall do about you
and do you know what we shall do
and do you know what we . . .

III
ZŁY DUCH

Straszono ludzi
złym duchem demonem
o imionach tak licznych
jak gwiazdy na niebie

Występował w stu maskach
ukrywał się w osobach zwierzętach i rzeczach
wodził na pokuszenie
i znikł

Widziałem go
bez maski
szedł obok mnie
dobrze ubrany i wypasiony
i mówił mówił mówił
mówił tak aż ślina
zbierała się w kącikach warg:
„Miliard ludzi jest na świecie niepotrzebny
Kiedy oni wreszcie użyją
bomby atomowej
czarni wydają podobno woń niemiłą
dla białego człowieka
Azjaci mnożą się jak króliki
W Indiach ludzie umierają jak muchy"
Na widok dzieci które przechodziły
z białymi gołąbkami na kijkach
wybuchnął śmiechem zaśmiewał się
aż z oczu wytrysła mu krew

Szedł przez tłum
jak przez powietrze
potrącony
mruknął „bydło"
i była w tym słowie
nienawiść zimna i szczera jak złoto.

III
THE EVIL SPIRIT

They used to frighten people
with the evil spirit the demon
with names numerous
as the stars in the sky

He appeared wearing a hundred masks
concealed himself in persons animals and things
led into temptation
and vanished

I saw him
without a mask
he was walking beside me
well dressed and well fed
and he talked talked talked
talked till the spittle
gathered in the corners of his mouth:
"A billion people in the world are expendable
When will they finally use
the atomic bomb
the blacks they say give off an odor unpleasant
to a white man
The Asiatics are multiplying like rabbits
In India people are dying like flies"
At the sight of children passing by
with white doves on wooden sticks
he burst out laughing roaring
till blood gushed from his eyes

He was moving through the crowd
as through air
jostled
he grunted "pig"
and in this word was
hatred cold and sincere as gold.

IV

WYZNANIE

Małemu chłopcu w białym ubranku
dano poznać
smak Boga
którego nie ma
I zostałem sam

Ja głupiec chciałem
połknąć świat
Ja mięso kości włosy
Ciemny podłużny kształt
Ja który wypowiedziałem
wiele słów

Mówiłem że niosę
a byłem niesiony
Mówiłem że żyję
a to była śmierć
mówiłem mówiłem.

V

KARMIĄCA ŻYCIE

Jasna piękna
jak wydarzony bochen białego chleba
ma małe stopy i ręce
i włosy pachnące ziołami
i usta
ciepłe ukryte
pod wielkim czarnym liściem
nocy
cierpkie o świcie
Siedzi ze światłem w oczach
z mleczną piersią
w dłoni

IV

CONFESSION

A little boy in a white suit
was given to know
the taste of God
who does not exist
And I remained alone

Fool that I am I wanted
to swallow the world
I flesh bones hair
Dark oblong shape
I who have uttered
many words

I said I was carrying
but I was being carried
I said I was living
but it was death
I talked talked.

V

NURSING LIFE

Fair beautiful
like a loaf of white bread that's come out well
she has small feet and hands
and hair fragrant with herbs
and lips
warm hidden
beneath the large black leaf
of night
and tangy at dawn
She sits with light in her eyes
with a milky breast
in her hand

siedzi w środku ciszy
w środku pokoju narodów
jest ziarnem owocu
jabłka ziemi
jabłka którym władali
królowie
jabłka które obejmuje
które obejmie doskonale
ręka ludów

Karmi nowonarodzonego
Patrzcie jak on ssie
jak ssie życie
wzrusza rączkami milczącą rzekę powietrza
niedługo otworzą się jego oczy
a potem otworzy się myśl
zamknięta jeszcze
pod pulsującą kością czaszki

Ziemio ziemio
jaka ukażesz się człowiekowi
dzisiaj urodzonemu.

1954

sits in stillness
in the peaceful room of nations
she is the seed of the fruit
of the apple of the earth
the apple by which kings
used to rule
the apple which the hand
of peoples grasps
will grasp firmly

She nurses the newborn
See how he sucks
how he sucks life
how with his little hands he stirs the silent river of air
soon his eyes will open
and then his thought will open
still encased
in the pulsating bone of the skull

Oh earth earth
what will you seem like to a man
born today.

1954

DRZEWO

Byli szczęśliwi
dawniejsi poeci
Świat był jak drzewo
a oni jak dzieci

Cóż ci powieszę
na gałęzi drzewa
na które spadła
żelazna ulewa

Byli szczęśliwi
dawniejsi poeci
dokoła drzewa
tańczyli jak dzieci

Cóż ci powieszę
na gałęzi drzewa
które spłonęło
które nie zaśpiewa

Byli szczęśliwi
dawniejsi poeci
pod liściem dębu
śpiewali jak dzieci

A nasze drzewo
w nocy zaskrzypiało
I zwisło na nim
pogardzone ciało

A TREE

Happy were
the poets of yore
The world was like a tree
and they were like children

What would you have me hang
on the branch of a tree
upon which fell
an iron downpour

Happy were
the poets of yore
around a tree
they danced like children

What would you have me hang
on the branch of a tree
that burned to the roots
will not burst into song

Happy were
the poets of yore
under oak leaves
they sang like children

But our tree
creaked at night
And from it hung
a despised body

From *Srebrny kłos* (Silver Ear of Grain), 1955

PAPUGA

W moim miasteczku
które burmistrz mógł obejść
dokoła w meloniku
od rana do obiadu
w miasteczku gdzie
przez wiele lat
opowiadano sobie
że stara Szlojmina
urodziła dziecko z głową karpia

chodzili po podwórkach
szlifierze szmaciarze
dziady proszalne
muzykanci cyganie
sztukmistrze
chińczycy z jedwabiami
których tęcze
kryły się w zamkniętych walizkach

Czasem na podwórko
wchodził kataryniarz

Bajecznie kolorowa papuga
świeciła szmaragdowym piórkiem
leniwie wyciągała
papierową tutkę
los
muzyka coraz triumfalniejsza
wypełniała niebo i ziemię
chrypła
zamierała
w drewnianej skrzyni
My z wypiekami na policzkach
gorączkowo
odkrywaliśmy nasz los
pierścionek z fałszywym oczkiem

THE PARROT

In my small town
which the mayor in his bowler
could make the rounds of
between breakfast and lunch
in my small town where
for many years
stories were told
how Shlomo's old wife
gave birth to a baby with a carp's head

from yard to yard went
knife-sharpeners rag-pickers
wandering beggars
itinerant musicians gypsies
conjurers
chinamen with silks
whose rainbows
lay hidden in closed suitcases

Sometimes an organ-grinder
came into the yard

A parrot of fabulous hue
its emerald feathers glistening
lazily pulled out
a paper tube
a destiny
music ever more triumphant
filled heaven and earth
grew harsh
died away
in a wooden box
With flushed cheeks we
feverishly
learned our destiny
a ring with a false stone

Kataryniarz unosił
muzykę i papugę

Lecz jej dziwacznie zakrzywiony dziób
i szpony
zatopione były
długo
w naszych marzeniach

1954

The organ-grinder carried away
music and parrot

But its oddly bent beak
and claws
were long
sunk
in our dreams

1954

SPOJRZAŁA W SŁOŃCE

Na rynku gdzie święty Florian
wylewa drewniany strumień wody
na czerwony grzebień ognia
pod srebrnym obłoczkiem
w świetle dnia
stoi dziewczynka
i uśmiecha się do siebie
pięknie jak anioł
którego nikt nie widział
cieszy się ze słońca i ciepła
i nuci piosenkę

nagle w moich oczach

w oczach obcego przechodnia
który przeżył wojnę
ciemność przebija
światło i radość
skroś słońca widzę
czarny kanał
jamę wilgotną cuchnącą
na dnie
małą żydowską dziewczynkę
która w dniu wyzwolenia
wyszła z zamknięcia
po wielu latach
spojrzała w słońce
wyciągnęła przed siebie ręce oślepła

43

SHE LOOKED AT THE SUN

In the marketplace where St. Florian
pours forth a wooden stream of water
on a red comb of fire
beneath a silvery cloud
in the bright of day
stands a girl
and smiles to herself
sweetly as an angel
no one has seen
she rejoices in sun and warmth
and hums a tune

suddenly in my eye

in the eye of a passing stranger
who has survived the war
darkness pierces
light and joy
through the sun I see
a black sewer
a pit dank fetid
at the bottom
a little Jewish girl
who on liberation day
came out of hiding
after many years
she looked at the sun
stretched her arms before her went blind

From *Srebrny kłos* (Silver Ear of Grain), 1955

W ŚRODKU ŻYCIA

Po końcu świata
po śmierci
znalazłem się w środku życia
stwarzałem siebie
budowałem życie
ludzi zwierzęta krajobrazy

to jest stół mówiłem
to jest stół
na stole leży chleb nóż
nóż służy do krajania chleba
chlebem karmią się ludzie

człowieka trzeba kochać
uczyłem się w nocy w dzień
co trzeba kochać
odpowiadałem człowieka

to jest okno mówiłem
to jest okno
za oknem jest ogród
w ogrodzie widzę jabłonkę
jabłonka kwitnie
kwiaty opadają
zawiązują się owoce
dojrzewają

mój ojciec zrywa jabłko
ten człowiek który zrywa jabłko
to mój ojciec

siedziałem na progu domu
ta staruszka która
ciągnie na powrozie kozę
jest potrzebniejsza
i cenniejsza
niż siedem cudów świata
kto myśli i czuje
że ona jest niepotrzebna
ten jest ludobójcą

IN THE MIDST OF LIFE

After the end of the world
after death
I found myself in the midst of life
creating myself
building life
people animals landscapes

this is a table I said
this is a table
on the table is bread a knife
a knife is to cut bread
people live on bread

man must be loved
I studied night and day
what must be loved
I answered man

this is a window I said
this is a window
beyond the window is a garden
in the garden I see an apple tree
the apple tree is in bloom
the blossoms fall
the fruits form
ripen

my father picks an apple
that man picking the apple
is my father

I sat in the doorway of my house
that old woman who
is leading a goat by a rope
is more necessary
and more precious
than the seven wonders of the world
anyone who thinks and feels
that she is not necessary
is a mass-murderer

to jest człowiek
to jest drzewo to jest chleb

ludzie karmią się aby żyć
powtarzałem sobie
życie ludzkie jest ważne
życie ludzkie ma wielką wagę
wartość życia
przewyższa wartość wszystkich przedmiotów
które stworzył człowiek
człowiek jest wielkim skarbem
powtarzałem uparcie

to jest woda mówiłem
gładziłem ręką fale
i rozmawiałem z rzeką
wodo mówiłem
dobra wodo
to ja jestem

człowiek mówił do wody
mówił do księżyca
do kwiatów deszczu
mówił do ziemi
do ptaków
do nieba

milczało niebo
milczała ziemia
jeśli usłyszał głos
który płynął
z ziemi wody i nieba
to był głos drugiego człowieka

1955

this is a man
this is a tree this is bread

people eat to live
I repeated to myself
human life is important
human life is of great import
the value of life
outweighs the value of all things
created by man
man is a great treasure
I kept repeating stubbornly

this is water I said
I stroked the waves with my hand
and talked to the river
water I said
nice water
this is me

a man was talking to the water
talking to the moon
the flowers the rain
talking to the earth
the birds
the sky

the sky was silent
the earth was silent
if he heard a voice
flowing
from earth water and sky
it was the voice of another man

1955

ROZWARTE

Jego ręce były rozrzucone rozwarte tak szeroko
daleko że lewa dotykała bezlistnego drzewa
na horyzoncie prawa ściśnięta w pięść i mała
ukryła się w dłoni matki
Głowa miała kształt czarnego
długiego futerału
z którego wyjęto skrzypce
Zęby umieszczone były pionowo
między uchem i okiem

Ten stożek z kępą włosów na szczycie
leżał w przeźroczystym
wnętrzu stycznia
różowym i niebieskim

Jego brat który wyszedł
z tej samej matki
opuścił Europę przed wybuchem
Teraz po drugiej stronie
oceanu
palił fajkę

1957

OUTSTRETCHED

His arms were flung open outstretched so wide
so far that the left hand touched the leafless tree
on the horizon the right clenched in a fist and small
found refuge in the hand of his mother
The head had the shape of a long
black case
from which the violin was removed
The teeth were set vertically
between ear and eye

That cone with the tuft of hair at the vertex
lay in the transparent
depths of January
pink and blue

His brother who came out
of the same mother
left Europe before the outbreak
Now on the other side of
the ocean
he was smoking a pipe

1957

LIST DO LUDOŻERCÓW

Kochani ludożercy
nie patrzcie wilkiem
na człowieka
który pyta o wolne miejsce
w przedziale kolejowym

zrozumcie
inni ludzie też mają
dwie nogi i siedzenie

Kochani ludożercy
poczekajcie chwilę
nie depczcie słabszych
nie zgrzytajcie zębami

zrozumcie
ludzi jest dużo będzie jeszcze
więcej więc posuńcie się trochę
ustąpcie

Kochani ludożercy
nie wykupujcie wszystkich
świec sznurowadeł i makaronu
Nie mówcie odwróceni tyłem:
ja mnie mój moje
mój żołądek mój włos
mój odcisk moje spodnie
moja żona moje dzieci
moje zdanie
Kochani ludożercy
nie zjadajmy się Dobrze
bo nie zmartwychwstaniemy
Naprawdę

1957

LETTER TO THE CANNIBALS

Dear cannibals
don't scowl
at a person
who asks if a seat is free
in a train compartment

please understand
other people also have
two legs and a rear

Dear cannibals
just a second
don't trample on the weaker
don't gnash your teeth

please understand
there are lots of people and there will be
many more move back a bit
make room

Dear cannibals
don't buy up all
the candles shoelaces and noodles
Don't say with backs turned:
I me my mine
my stomach my hair
my corns my trousers
my wife my children
my opinion
Dear cannibals
let's not eat each other up Okay
because we're not going to be resurrected
Really

1957

OSTRZEŻENIE

Patrz on znów zaufał To dobrze
obejmuje ciało kobiety
Będzie żył i płodził życie
Patrz bierze do ręki narzędzia pracy
Przypomina sobie z czego
ludzie budowali przyszłość
To dobrze Będzie budował

Idzie polem
Rozróżnia smaki i kolory
Przypomina sobie śmiech
Nie trzeba go płoszyć

Stoły są zastawione
szkłem i porcelaną
Każda ręka kobiety
trzymająca różowy kwiat
ma pięć palców

Wszystkie włosy na głowach
ucztujących są policzone
i nie spadnie jeden włos
bez pozwolenia władzy

Różowy kwiat zapala się i gaśnie

czemu kobiety mają
po trzy czarne nogi
i ani jednej głowy
gdzie jest palec
ze złotą obrączką
dywany tkane z dymu
trawią się same
zwierzęta drzewa powlekają się ogniem
różowy kwiat zapala się i gaśnie

żywi i umarli obcują ze sobą
unoszą się w powietrzu
i daremnie szukają miejsca
na ziemi.

WARNING

Look he trusts again It's good
he's embracing a woman's body
He will live and create life
Look he takes in his hands the tools of work
He recalls what people
used to build the future from
It's good He will build

He walks through a field
Distinguishes tastes and colors
Recalls laughter
You musn't startle him

The tables are laid with
crystal and china
Each hand of the woman
holding the pink flower
has five fingers

All the hairs on the heads
of the banqueters are numbered
and not a single hair will fall
without authority's leave

The pink flower flares and dies

why do the women have
three black legs each
and not a single head
where is the finger
with the gold ring
carpets woven from smoke
self-consumed
animals trees sheeted in flame
the pink flower flares and dies

the living and the dead commune
float in the air
and vainly seek a place
on the earth.

From *Formy* (Forms), 1958

ROZMOWA Z KSIĘCIEM

1

Ziemię przebiły kły
nie spuszczajcie
psów
z jedwabnej nici

będą się zagryzały
wyjąc i piszcząc
czy nie słyszycie
bulgotu
w krtaniach

naprężone
do ostatnich
granic drżą
nasze dobrze ułożone
chęci

2

Ein schöner Gedanke
zwischen den Beinen
eines Mädchen zu liegen

Książę
prosto wyrażał
swe uczucia myśli
to uczeni w piśmie
wszystko zaciemnili

ein schöner Gedanke
świat nagle otwarty
twój ubogi krewny
Książę o Książę
jeden z twego orszaku
Mr Prufrock spostrzegł
że jego łysina
się powiększa i popadł w nastrój
hamletyczny

CONVERSATION WITH THE PRINCE

1

Fangs have pierced the earth
don't unleash
the dogs
from the silken thread

they will tear each other to pieces
howling and yelping
can't you hear
the gurgling
in their throats

stretched
to the breaking
point
our politely restrained
desires tremble

2

Ein schöner Gedanke *a beautiful thought*
zwischen den Beinen *to lie between*
eines Mädchen zu liegen *the legs of a girl*

The Prince
expressed his feelings thoughts
simply
it's the exegetes who've
obscured everything

ein schöner Gedanke
the world suddenly open
your poor relation
Prince oh Prince
one of your attendant lords
Mr Prufrock noticed
that his bald spot
was growing larger and he sank into
a Hamlet mood

pętając się między
oswojonymi ludźmi meblami
oblicza za i przeciw
leżąc między nogami
pewnej damy
nie jest wolny
od refleksji
oblicza straty i zyski
poci się ze strachu
i tak szaleństwo dodaje
do obawy
smak żądzy miesza
z myślą o podwyżce cen
zamyka oczy poci się i liczy

zamiast szpady wyciąga
rękę z kieszeni
ogryza paznokcie
chowa się
chowa do pochwy
i wrzeszczy
być być być
za wszelką cenę

3

Nie mów Książę
o mnie pogardliwie
ja mam dobre chęci
dwa razy we śnie
po niebie fruwałem
wiem jestem siedzeniem urzędnika
moja grzywa
mój gniew zwietrzały
to nie jest tak jak myślisz
od rana do wieczora
zmieniam się
nieprzerwanie

lounging amidst
tame people furniture
he calculates the pros and cons
lying between the legs
of a certain lady
he is not free
from reflection
calculates losses and profits
sweats in apprehension
and thus adds madness
to dread
mingles the taste of lust
with the thought of rising prices
shuts his eyes sweats and counts

instead of a sword he pulls
a hand from his pocket
bites his nails
hides
hides himself in a sheath
and screams
to be to be to be
at any price

3

Do not Prince speak
of me contemptuously
I have good intentions
twice in my dreams
I flew in the sky
I know I am a clerk's behind
my mane
my stale anger
it's not as you think
from dawn to dusk
I change
continually

58

jestem uległy
każdy znak można
na mnie wycisnąć
ty jesteś pieczęcią
a ja woskiem świata
Książę bracie mój Książę
Ofelia
skrzydła anielskie
wciągnęła w siebie
właśnie rodzi grzeszników
w tej chwili

4

Książę
nie jestem urzędnikiem
jestem poetą
współczesnym
mamy rok 1958
jesteś ciekawy co robi
poeta współczesny

Obojętny mówi
do obojętnych
oślepiony daje znaki
niewidomym
śmieje się i
szczeka przez sen
obudzony
płacze
składa się ze szczebli
ale nie jest drabiną Jakubową
jest głosem bez echa
ciężarem bez wagi
błaznem bez króla

Pytasz o kształt tej chmury
to istny wielbłąd
mówisz że jest podobniejszą
do łasicy

I am yielding
any mark can be
impressed on me
you are the seal
and I the wax of the world
Prince my brother Prince
Ophelia
has drawn in
her angel wings
she is now breeding sinners
at this very moment

4

Prince
I am not a clerk
I am a poet
of today
it's the year 1958
you are curious about what
a poet of today does

Indifferent he speaks
to the indifferent
blinded he makes signs
to the unseeing
he laughs and
barks in his sleep
awakened
he weeps
he's made of rungs
but he's not Jacob's ladder
he's voice without echo
burden without weight
jester without king

You ask about the shape of that cloud
'tis like a camel indeed
you say 'tis more like
a weasel

prawda z boku podobniejsza
do łasicy
mówisz że raczej do wieloryba
bardzo podobna do wieloryba

śmiejesz się ze mnie
dobry Książę
poznajesz ukrytego za kotarą
gadułę

Das Hirn verwest so wie der Arsch

Uwaga autora:
W poemacie znajdują się cytaty z dzieł:
Szekspira, Eliota i Benna.

true it is back'd like
a weasel
you say 'tis more like a whale
'tis very like a whale

you laugh at me
good Prince
you recognize the babbler
concealed behind the arras

Das Hirn verwest so wie der Arsch
The Brain decays as does the arse

Author's remark:
The poem contains quotations from the works of
Shakespeare, Eliot and Benn.

From *Rozmowa z księciem* (Conversation with the Prince), 1960

MOŻNA

Pamiętam że dawniej
poeci pisali „poezje"
można jeszcze pisać wiersze
przez wiele wiele lat
można też robić
wiele innych rzeczy

63

IT IS POSSIBLE

I remember at one time
poets used to "poeticize"
it is still possible to write verses
for many many years to come
it is also possible to do
many other things

From *Rozmowa z księciem* (Conversation with the Prince), 1960

WYJŚCIE

Jestem
uparty
i uległy w tym uporze
jak wosk
tak tylko mogę
odcisnąć świat

WAY OUT

I am
obstinate
and yielding in my obstinacy
like wax
only thus can I
take the impress of the world

From *Rozmowa z księciem* (Conversation with the Prince), 1960

DROBNE OGŁOSZENIA LIRYCZNE

Pełne godności
i dyskretne
są dzikie zwierzęta

śmiertelnie zranione
okaleczone
uchodzą kryją się
w miejsca nieznane
i umierają

natomiast różni
liryczni faceci
ogłaszają się w gazecie
że umierają
jęczą biorą pieniądze
umierają wiele razy
potem siedzą w kawiarniach
plotkują
zalewają się żółcią
zderzają się
prawie miedzianymi czołami
nad stolikami
brzęk zgiełk

żony gestem patetycznym
i pozbawionym uroku
pokazują komu trzeba
gladiatorów zaplątanych
w pępowinie własnego mózgu
oni uśmiechnięci słodko kwaśno
załatwiają swoje potrzeby
liryczne

LYRICAL CLASSIFIED ADS

Full of dignity
and tactful
are wild animals

mortally wounded
hurt
they go off they hide
in unknown places
and die

on the other hand various
lyrical gents
advertise in newspapers
that they are dying
they moan get paid for it
they die many times
then they sit in cafés
gossip
are consumed with bile
their almost brazen faces
collide
above the tables
clatter hubbub

wives with a gesture pathetic
and devoid of charm
point out to the right people
the gladiators entangled
in the umbilical cords of their own brains
with a sweet sour smile they
attend to their lyrical
functions

From *Rozmowa z ksieciem* (Conversation with the Prince), 1960

GRÓB DANTEGO W RAWENNIE

Dante
Tu nic nie ma
Przecież tu pusto
Wycieczka zielone okulary
czerwone oczy niebieskie wargi
pomarańczowe włosy
głowy na miękko
w głowach piękno
Chodźmy dalej
Proszę kolejno
Tam nic nie ma
Zaglądają przez dziurkę
Dantis poetae sepulcrum
Inwalida bez nogi
który siedzi w kąciku
mówi zawstydzony
To wszystko
tu nic więcej nie ma
Stalowe łańcuchy
Spiżowy wieniec
Virtuti et Honori

DANTE'S TOMB IN RAVENNA

Dante
There's nothing here
Look it's empty here
A guided tour green glasses
red eyes blue lips
orange hair
soft-boiled heads
pretty fluff in the heads
Let's move on
One at a time please
There's nothing there
They look through the keyhole
Dantis poetae sepulcrum
A veteran without one leg
who sits off in a corner
says embarrassed
That's all
there's nothing more here
Steel chains
Bronze wreath
Virtuti et Honori

From *Zielona róża* (The Green Rose), 1961

KTO JEST POETĄ

poetą jest ten który pisze wiersze
i ten który wierszy nie pisze

poetą jest ten który zrzuca więzy
i ten który więzy sobie nakłada

poetą jest ten który wierzy
i ten który uwierzyć nie może

poetą jest ten który kłamał
i ten którego okłamano

ten który upadał
i ten który się podnosi

poetą jest ten który odchodzi
i ten który odejść nie może

WHO IS A POET

a poet is one who writes verses
and one who does not write verses

a poet is one who throws off fetters
and one who puts fetters on himself

a poet is one who believes
and one who cannot bring himself to believe

a poet is one who has told lies
and one who has been told lies

one who has been inclined to fall
and one who raises himself

a poet is one who tries to leave
and one who cannot leave

From *Nic w płaszczu Prospera* (Nothing in Prospero's
Magic Garment), 1963

KARMIENIE PEGAZA

Pamięci Leopolda Staffa

Urodził się źrebaczek
ślepy
we krwi
ze zwiniętymi skrzydłami

stanął nad nim język ognia

zaczęła się nauka latania
na szczudłach
na sztywnych drewnianych
skrzydłach

zmęczonego karmi kobieta

podaje mu
na dłoni
kostki cukru

białą
czarną
różową

i ukrywa przed nim
do czasu
słowa
Fryderyka Chrystiana Hebbla

poezja jest samobójstwem

1962

THE FEEDING OF PEGASUS

To the Memory of Leopold Staff

A colt was born
blind
in blood
with folded wings

above him rose a tongue of flame

he began learning to fly
on stilts
on stiff wings
of wood

a woman feeds the weary colt

offers him
on her palm
lumps of sugar

one white
one black
one pink

and conceals from him
for the present
the words
of Friedrich Christian Hebbel

poetry is suicide

1962

NIC W PŁASZCZU PROSPERA

Kaliban niewolnik
nauczony ludzkiej mowy
czeka

z pyskiem w gnoju
z nogami w raju
obwąchuje człowieka
czeka

nic nadchodzi
nic w czarodziejskim płaszczu
Prospera
nic z ulic i ust
z ambon i wież
nic z głośników
mówi do niczego
o niczym

nic płodzi nic
nic wychowuje nic
nic czeka na nic
nic grozi
nic skazuje
nic ułaskawia

1962

NOTHING IN PROSPERO'S MAGIC GARMENT

Caliban the slave
who was taught human speech
waits

his snout in dung
his feet in paradise
he sniffs man all about
waits

nothing is forthcoming
nothing in Prospero's
magic garment
nothing from streets and lips
from pulpits and towers
nothing from loudspeakers
speaks to nothing
about nothing

nothing begets nothing
nothing rears nothing
nothing awaits nothing
nothing threatens
nothing sentences
nothing pardons

1962

OPOWIADANIE DYDAKTYCZNE

V
PRAWA I OBOWIĄZKI

Dawniej kiedy nie wiem
dawniej myślałem że mam prawo obowiązek
krzyczeć na oracza
patrz patrz słuchaj pniu
Ikar spada
Ikar tonie syn marzenia
porzuć pług
porzuć ziemię
otwórz oczy
tam Ikar
tonie
albo ten pastuch
tyłem odwrócony do dramatu
skrzydeł słońca lotu
upadku

mówiłem ślepcy

Lecz teraz kiedy teraz nie wiem
wiem że oracz winien orać ziemię
pasterz pilnować trzody
przygoda Ikara nie jest ich przygodą
musi się tak skończyć
I nie ma w tym nic
wstrząsającego
że piękny statek płynie dalej
do portu przeznaczenia

1962

A DIDACTIC TALE

V
RIGHTS AND DUTIES

At one time I don't know when
at one time I thought I had the right the duty
to shout at the ploughman
look look listen you blockhead
Icarus is falling
Icarus the son of vision is drowning
leave your plough
leave your land
open your eyes
there Icarus
is drowning
or that herder
with his back turned to the drama
of wings sun flight
of fall

I said oh blind ones

But now I don't know now just when
I know the ploughman ought to till the land
the shepherd watch over his flock
the venture of Icarus is not their venture
this is how it must end
And there is nothing
earth-shaking
about a beautiful ship sailing on
to its port of destination

1962

SZKIC DO EROTYKU
WSPÓŁCZESNEGO

A przecież biel
najlepiej opisać szarością
ptaka kamieniem
słoneczniki
w grudniu

dawne erotyki
bywały opisami ciała
opisywały to i owo
na przykład rzęsy

a przecież czerwień
powinno opisywać się
szarością słońce deszczem
maki w listopadzie
usta nocą

najplastyczniejszym
opisem chleba
jest opis głodu
jest w nim
wilgotny porowaty ośrodek
ciepłe wnętrze
słoneczniki w nocy
piersi brzuch uda Kybele

źródlanym
przeźroczystym opisem
wody
jest opis pragnienia
popiołu
pustyni
wywołuje fatamorganę
obłoki i drzewa wchodzą
w lustro

DRAFT OF A MODERN
LOVE POEM

And yet white
is best described by gray
bird by stone
sunflowers
in December

love poems of old
were descriptions of the flesh
described this and that
for instance eyelashes

and yet red
should be described
by gray the sun by rain
poppies in November
lips by night

the most tangible
description of bread
is a description of hunger
in it is
the damp porous core
the warm interior
sunflowers at night
the breasts belly thighs of Cybele

a spring-clear
transparent description
of water
is a description of thirst
ashes
desert
it produces a mirage
clouds and trees move into
the mirror

Brak głód
nieobecność
ciała
jest opisem miłości
jest erotykiem współczesnym

lato 1963

Lack hunger
absence
of flesh
is a description of love
is a modern love poem

Summer 1963

ZA PRZEWODNIKIEM

Prędzej jeść pić czytać żyć
kochać prędzej
dalej jechać lecieć
więcej szybciej mówić
szybciej żegnać odchodzić zostawiać
więcej słuchać patrzeć
oglądać dotykać wąchać
oglądać posiadać smakować
kochać być tu i tam
i gdzie jeszcze
śmiać się głośniej pchać
biec oddychać
Szybciej
więcej
prędzej dalej wyżej niżej głębiej
szybciej szerzej żyć
jeść pić spać
kochać
żyć dłużej

W Pallazzo Ducale tłok za przewodnikiem
pędzi stadko
dobrze utrzymane staruszki
panowie w szelkach wycierają
czoła chusteczkami kwiaty we włosach
gdzie mogą przysiadają
lecz przewodnik pędzi ptaszki we włosach
z ust jego płynie potok nazwisk
dat anegdot piękna
ta pieta najpiękniejsza
wyraz bólu
proszę z tej strony tutaj lepiej widać
wyraz twarzy matki
ten instrument nazywa się
w tej sali zasiadł sąd tutaj w ten otwór
szparę można było wrzucać donosy
proszę dalej za nami następna grupa

FOLLOWING THE GUIDE

To eat drink read live faster
love faster
drive fly farther
speak quicker more
bid farewell go off leave quicker
listen look more
examine touch smell
examine possess relish
love be here and there
and who knows where else
laugh louder shove
run breathe
Quicker
more
faster farther higher lower deeper
quicker broader to live
eat drink sleep
love
live longer

In the Palazzo Ducale a throng follows the guide
the little flock rushes
well preserved old ladies
gentlemen in suspenders mop
their brows with handkerchiefs flowers in their hair
wherever they can they flop
but the guide rushes on little birds in their hair
from his lips gush names
dates anecdotes beautiful
this pietà is the most beautiful
an expression of suffering
please look from this angle there's a better view
the expression on the mother's face
this instrument is called
this is the hall where the court convened here through
    this opening
this slit people could drop secret denunciations
please move on the next group is behind us

kwiaty pokrywają kapelusiki
zbrojownia
miecze działa pancerze tarcze
sztylety przyłbice zbroje kule rusznice
nagła cisza wybuchy śmiechu
przewodnik przymrużył
słodkie oko
szepce sepleni
grupa otacza go ciasno
krąg
prawie galopem przebiegli
wzdłuż
na lewo Bosch Inferno
na prawo Bellini Pieta
na lewo Bosch Paradiso
na prawo
na lewo
w szafie wśród wojennego oręża
wisi pokryty rdzą pas
w pasie dwa otworki
okrągły opatrzony kolcami
i podłużny
kolce zagięte do wewnątrz
pas zamknięty na kłódkę
rycerz udający się na wyprawę
zabierał klucz ze sobą
siwowłose pochylają się czule
do ucha mężów
przewodnik przymyka oczy
gestykuluje dzieci próbują
przebić krąg dorosłych
nic nie widzą
uśmiechy sztuczne zęby wypieki
trzy zakonnice stoją
z rękami złożonymi pod
z powiekami opuszczonymi na
wargi ich
wargi poruszają się
wybuchy śmiechu cisza
zamki Tristan Izold złotowłosa

flowers bedeck little hats
the armory
swords cannons coats of mail shields
daggers visors armor cannonballs matchlocks
sudden silence roars of laughter
the guide has winked
a knowing eye
whispers lisps
the group surrounds him tightly
a circle
almost at a gallop they have run past
along
to the left Bosch's Inferno
to the right Bellini's Pietà
to the left Bosch's Paradiso
to the right
to the left
in a display case amidst military weapons
hangs a rust-covered belt
in the belt are two openings
the round one studded with spikes
and the oval one
with spikes bent inward
the belt is padlocked
a knight setting off on a crusade
would take the key with him
the gray-haired ladies lean tenderly
toward their husbands' ears
the guide narrows his eyes
gesticulates children try
to break through the circle of grownups
they see nothing
smiles false teeth flushed faces
three nuns stand
hands folded under
eyelids lowered to
their lips
their lips move
outbursts of laughter silence
castles Tristan Isolde the golden-haired

barbarzyństwo
pas cnoty z kolczastym otworem
a wkoło zbroje armaty kusze kule
przyłbice rusznice pancerze koncerze
ale na to
nikt nie zwraca uwagi

1963

barbarism
the chastity belt with spiked opening
and all around armor cannons crossbows cannonballs
visors matchlocks coats of mail cutlasses
but to this
nobody pays attention

1963

OD JAKIEGOŚ CZASU

Od kilku lat
proces umierania poezji
jest przyspieszony

zauważyłem
że nowe wiersze
ogłaszane w tygodnikach
ulegają rozkładowi
w ciągu dwóch trzech godzin

umarli poeci
odchodzą szybciej
żywi
wyrzucają ze siebie
w pośpiechu
nowe książki
jakby chcieli zapchać papierem
dziurę

FOR SOME TIME NOW

For several years
the process by which poetry dies
has been accelerating

I have noticed
that new verses
published in the weeklies
undergo decomposition
in a matter of two or three hours

dead poets
depart more quickly
living ones
toss off
new books
in a hurry as though
they wished to stuff a hole with
paper

From *Twarz trzecia* (Face Number Three), 1968

WŚRÓD WIELU ZAJĘĆ

Wśród wielu zajęć
bardzo pilnych
zapomniałem o tym
że również trzeba
umierać

lekkomyślny
zaniedbałem ten obowiązek
lub wypełniałem go
powierzchownie

od jutra
wszystko się zmieni

zacznę umierać starannie
mądrze optymistycznie
bez straty czasu

AMONG MANY TASKS

Among many tasks
very urgent
I've forgotten that
it's also necessary
to be dying

frivolous
I have neglected this obligation
or have been fulfilling it
superficially

beginning tomorrow
everything will change

I will start dying assiduously
wisely optimistically
without wasting time

From *Twarz trzecia* (Face Number Three), 1968

GŁOS Z CROISSET

„jednego tylko pragnę
zdechnąć
by mieć spokój"

po napisaniu tych słów
żył jeszcze żył umierał
stare dziecko
łakome leniwe zmysłowe
skazał siebie
na dożywotnie więzienie

uprawiajmy swój ogród

w nocy dzwon przez szum
rzeki dzwon na trwogę
słyszycie
jak krzyczy
płacze
samotnik
w Croisset

skazany na ileś tam lat
ciężkich robót
przez kogo przez nic
przez Powołanie

bez znieczulenia
wydzierał z wnętrzności
klasyczną budową
zdań nieskazitelną
formę

uprawiajmy swój ogród

A VOICE FROM CROISSET

"the only thing I want is
to kick off
so's to have peace"

after writing these words
he went on living still living dying
an old child
gluttonous lazy sensual
sentenced himself
to life imprisonment

let us cultivate our garden

in the night a bell through the murmur
of the river a tocsin
do you hear
the shouting
the weeping
of the hermit
in Croisset

sentenced to so and so many years
of hard labor
by whom by nothing
by Calling

without anesthesia
he tore from his bowels
by means of a classical structure
of sentences
flawless form

let us cultivate our garden

From *Twarz trzecia* (Face Number Three), 1968

LARWA

Jestem martwy
a nigdy nie byłem
taki przywiązany do życia
szczęki moje tak się zwarły
na ciepłych gardziołkach
na przegubach
na pulsach na źródle
moje palce
zakrzywiły się
zacisnęły
w ciepłych
w ciepłym

jestem martwy
a nigdy jeszcze
nie mówiłem tyle
o przyszłości
o przyszłości która idzie
o przyszłości bez której życie jest
podobno niemożliwe

a przecież przywykłem

Ja stygnący
pokochałem ruch
pragnę ruchu przenoszę się
z miejsca na miejsce rozpięty
między Paryżem i Pekinem
Rzymem i Moskwą
Warszawą i Hamburgiem
rozkładam się
coraz szybciej okazalej
ogłuszony słucham
równocześnie muzyki wszystkich epok
wszystkich dźwięków oślepiony oglądam
równocześnie obrazy wszystkich szkół

THE LARVA

I am dead
but never have I been
so attached to life
my jaws are firmly locked
on small warm throats
on wrists
on pulses on the source
my fingers
have crooked
tightened
in warm
in warmth

I am dead
but never before
have I talked so much
about the future
about the future that is coming
about the future without which life
they say is impossible

and yet I have adjusted

I who grow cold
have fallen in love with movement
I desire movement I shift
from place to place arms outstretched
between Paris and Peking
Rome and Moscow
Warsaw and Hamburg
I decompose
ever more rapidly grandly
deafened I listen
simultaneously to the music of all ages
to all sounds blinded I examine
simultaneously the paintings of all schools

ja martwy stwarzam
w pośpiechu
nowe formy
które wpadają na siebie
i zmiażdżone tworzą nowy kształt
ja martwy
nie kocham milczenia

cenię jadło i napoje
przywiązuję wagę
do rozkładu zajęć
żyję pełnią życia
jestem tak żywy
że nie mogę sobie wyobrazić
śmierci drugiej

ja martwy
tak bardzo zajęty
piszę ciągle
choć wiem że odchodzi się
zawsze
z fragmentem
z fragmentem całości
całości
czego
czy jestem larwą nowego

1962—1963

dead I create
hurriedly
new forms
that collide
and crushed create a new shape
dead I
have no love for silence

I value food and drink
attach importance
to the schedule of activities
live a full life
I am so much alive
that I cannot imagine
the second death

dead I
am so very busy
I keep on writing
though I know one goes off
always
with a fragment
with a fragment of the whole
the whole
of what
am I the larva of the new

1962–1963

STRESZCZENIE

Patrzę w okno
deszcz w ciemnych koronach
drzew
nisko złote
łubiny
opowiadam mojemu synowi Hamleta
mówię o duchu który
o szczurze za kotarą
poczciwym gadule
ojcu obłąkanej

myślę o gładkich jak mleko udach
królowej Matki
o tajemnicy
którą ujrzał
dojrzewający syn
rodziła się i gniła
w nim miłość
którą trzeba było otruć
którą trzeba było odciąć
więc ciął mieczem na ślepo
którą trzeba było odgryźć
więc gryzł
którą trzeba było utopić jak ślepe
szczenię
więc skazał na śmierć
niewinną dziewczynę
udzielam niejasnych informacji
o życiu Szekspira
3 lipca 1962 roku
jeszcze jeden człowiek na ziemi
dowiaduje się
o istnieniu angielskiego dramaturga
pada deszcz słychać śmiech
za ścianą myszkuje mysz
w lasach siwy mech
pęcznieje jak topielec

PRECIS

I look out the window
rain in the dark crowns
of trees
below golden
lupins
I tell my son the plot of Hamlet
I speak of the ghost which
of the rat behind the arras
the good old babbler
the father of the mad girl

I think about the milk-smooth thighs
of the queen his mother
about the secret
that the maturing son
discovered
within him love
quickened and rotted
that had to be poisoned
that had to be cut off
so he slashed blindly with his sword
love that had to be bitten off
so he bit
that had to be drowned like a blind
puppy
so he condemned to death
an innocent girl
I give vague information
about Shakespeare's life
on July 3rd of the year 1962
still another person on earth
learns
of the existence of the English playwright
rain falls laughter is heard
behind the wall a mouse mouses about
in the forests gray moss
swells like a drowned man

pytanie
które sobie zadał
Królewicz Duński
przemilczałem
to zbyt okrutny i prostacki żart
dla współczesnego człowieka

1963

the question
that the Danish prince
put to himself
I have passed over in silence
it is too cruel and vulgar a joke
for the man of today

1963

KURTYNY W MOICH
SZTUKACH

Kurtyny
w moich sztukach
nie podnoszą się
i nie opadają
nie zasłaniają
nie odsłaniają

rdzewieją
gniją chrzęszczą
rozdzierają

ta pierwsza żelazna
druga szmata
trzecia papierowa

odpadają
kawał za kawałem

na głowy
widzów
aktorów

kurtyny
w moich sztukach
zwisają
na scenie
na widowni
w garderobie

jeszcze po zakończeniu
przedstawienia
lepią się do nóg
szeleszczą
piszczą

1967

THE CURTAINS IN
MY PLAYS

The curtains
in my plays
do not rise
and do not fall
do not conceal
do not reveal

they rust
rot clang
tear open

the first of iron
the second rag
the third of paper

they drop off
piece by piece

on the heads
of spectators
actors

the curtains
in my plays
drape
on the stage
on the auditorium
in the checkroom

even after the end
of the performance
they cling to the legs
rustle
squeak

1967

SPADANIE

CZYLI O ELEMENTACH WERTYKALNYCH
I HORYZONTALNYCH W ŻYCIU CZŁOWIEKA
WSPÓŁCZESNEGO

Dawniej
bardzo bardzo dawno
bywało solidne dno
na które mógł się stoczyć
człowiek

człowieka który się znalazł na dnie
dzięki swej lekkomyślności
lub dzięki pomocy bliźnich
oglądano z przerażeniem
zainteresowaniem
nienawiścią
radością
wskazywano na niego
a on czasem dźwigał się
podnosił
splamiony ociekał

Było to solidne dno
można powiedzieć
dno mieszczańskie

inne dno było przeznaczone
dla pań inne dla panów
w tamtych czasach bywały
na przykład kobiety upadłe
skompromitowane
bywali bankruci
gatunek obecnie prawie
nieznany
swoje dno miał polityk
kapłan kupiec oficer
kasjer i uczony

FALLING

OR CONCERNING VERTICAL
AND HORIZONTAL ELEMENTS IN THE LIFE
OF THE MAN OF TODAY

At one time
very very long ago
there was a solid bottom
to which a man
could slide

a man who found himself at the bottom
owing to frivolousness
or a helping hand from fellow men
was looked upon with horror
curiosity
hatred
joy
fingers pointed at him
but he sometimes raised himself up
got to his feet
stained and dripping

That was a solid bottom
you could say
a good solid-citizen bottom

one bottom was reserved
for ladies one for gentlemen
in those days there were
for instance fallen women
with ruined reputations
there were bankrupts
a species nowadays almost
unknown
there was a special bottom for politician
priest merchant officer
cashier and scholar

bywało niegdyś także drugie dno
obecnie istnieje jeszcze mgliste
wspomnienie
ale już dna nie ma
i nikt nie może
stoczyć się na dno
ani leżeć na dnie

Dno o którym wspominają
nasi rodzice
było czymś stałym
na dnie
jednak
było się kimś
określonym
człowiekiem straconym
człowiekiem zgubionym
człowiekiem który
dźwiga się
z dna

z dna można też było
wyciągać ręce wołać „z głębokości"
obecnie gesty te nie mają większego
znaczenia
w świecie współczesnym
dno zostało usunięte

ciągłe spadanie
nie sprzyja postawom
malowniczym pozycjom
niezłomnym

La Chute Upadek
jest możliwy jeszcze
tylko w literaturze
w marzeniu gorączce
pamiętacie to opowiadanie

o porządnym człowieku

there was once yet another bottom
nowadays there still lingers a hazy
memory
but bottoms no longer exist
and no one can
slide to the bottom
or lie at the bottom

The bottom our parents
reminisce about
was something stable
at the bottom
you were
still someone
well-defined
a man done for
a man lost
a man trying to
raise himself up
from the bottom

from the bottom you could also
stretch forth your arms cry "from the depths"
nowadays these gestures have no great
significance
in today's world
the bottom has been eliminated

constant falling
does not favor picturesque
positions rigid
stances

La Chute The Fall
is still possible
only in literature
in daydream fever
you remember the story

of an honest man

nie skoczył na ratunek
o człowieku który uprawiał „rozpustę"
kłamał bywał policzkowany
za to wyznanie
wielki zmarły może ostatni
współczesny moralista francuski
otrzymał w roku 1957
nagrodę

jak niewinne bywały upadki

pamiętacie
z dawnych bardzo dawnych
czasów
Wyznania
Confessiones
biskupa w Hippo Regius

W sąsiedztwie naszej winnicy była grusza, pełna owoców, nie nęcących ani kształtem, ani smakiem. Do jej otrzęsienia i zabrania gruszek udaliśmy się, niecni młodzieńcy, późną nocą, przeciągnąwszy aż do tego czasu zgubnym zwyczajem zabawę na placu. Zabraliśmy stamtąd ogromną ilość nie na naszą ucztę, lecz chyba, aby rzucić wieprzom, choć nieco zjedliśmy; dopuściliśmy się tego tym chętniej, że nie było wolno.
Oto serce moje, Boże, oto serce moje, nad którym się ulitowałeś, gdy znalazło się na dnie przepaści...

„na dnie przepaści"

grzesznicy i pokutnicy
święci męczennicy literatury
baranki moje
jesteście jak dzieci przy piersi
które wejdą do Królestwa
(szkoda że go nie ma)

he did not rush to the rescue
a man who practiced "debauchery"
would lie be slapped in the face
for such a confession
the late great perhaps the last
contemporary French moralist
received in the year 1957
a prize

how innocent the falls used to be

you remember
from old very old
times
The Confessions
Confessiones
of the Bishop of Hippo Regius

There was a pear tree near our vineyard, laden with fruit,
tempting neither to the eye nor to the taste. Late one night
a band of ruffians, myself among them, went to shake down
the fruit and carry it off, having continued our games in
the streets until then, as was our pernicious habit. We took
away enormous loads, not to eat them ourselves, but to
throw them to the pigs. We tasted some, but our real
pleasure lay in doing what was forbidden.
Look into my heart, O God, look into my heart, upon which
Thou took pity when it was at the bottom of the bottomless
pit . . .

"at the bottom of the bottomless pit"

sinners and penitents
saints martyrs of literature
my little lambs
you are like children at the pap
who shall enter the Kingdom
(a pity it doesn't exist)

— Czy ojciec wierzy w Boga? — zawołał znów Stawrogin.
— Wierzę
— Jest powiedziane, że wiara góry przenosi. Gdy wierzysz, a każesz górze, aby się ruszyła, to się ruszy... przepraszam, że plączę. A jednak zaciekawia mnie: czy ojciec ruszy z miejsca górę?

takie pytania zadawał „potwór" Stawrogin
a pamiętacie jego sen
obraz Claude Lorraina
w Galerii Drezdeńskiej
„mieszkali tu piękni ludzie"
Camus
La Chute Upadek.

Ach, mój drogi, dla człowieka, który jest sam, bez boga
i bez pana, ciężar dni jest straszliwy

ten bojownik z sercem dziecka
wyobrażał sobie
że koncentryczne kanały Amsterdamu
są kręgiem piekła
mieszczańskiego piekła
oczywiście
„tu jesteśmy w ostatnim kręgu"
mówił do przygodnego towarzysza
w knajpie
ostatni moralista
francuskiej literatury
wyniósł z dzieciństwa
wiarę w Dno
Musiał głęboko wierzyć w Człowieka
musiał głęboko kochać Dostojewskiego
musiał cierpieć nad tym
że nie ma piekła nieba
Baranka
kłamstwa
zdawało mu się że odkrył dno
że leży na dnie
że upadł

"Do you believe in God?" Stavrogin once again blurted out.
"I do."
"It is said that faith moves mountains. If you have faith
and you tell a mountain to move, it will do so. . . . Forgive
me for all this nonsense. Still, I am curious to know: can
you move a mountain or can't you?"

    such questions were posed by the "monster" Stavrogin
    and you remember his dream
    the picture by Claude Lorrain
    in the Dresden Gallery
    "here lived beautiful men and women"
    Camus
    La Chute The Fall

Oh, my dear fellow, for a man who is alone, without god
and without master, the weight of days is dreadful

    that fighter with the heart of a child
    imagined
    that the concentric canals of Amsterdam
    were a circle of hell
    the hell of solid citizens
    of course
    "here we are in the last circle"
    the last moralist
    in French literature
    was saying to a chance acquaintance
    in some joint
    he inherited from his childhood
    a belief in the Bottom
    He certainly had a deep belief in Man
    he certainly had a deep love of Dostoevsky
    he certainly suffered because
    there was no hell no heaven
    no Lamb
    no lie
    it seemed to him he had discovered the bottom
    that he was lying at the bottom
    that he had fallen

Tymczasem

dna już nie było
mimo woli zrozumiała to
pewna panienka z Paryża
i napisała wypracowanie
o spółkowaniu witaj smutku
o śmierci witaj smutku
a wdzięczni czytelnicy
po obu stronach
tak zwanej dawniej
żelaznej kurtyny
kupowali jej...
na wagę złota
panienka pani ta
panienka ta pani ta
zrozumiała że nie ma Dna
nie ma kręgów piekła
nie ma wzniesienia
i nie ma Upadku
wszystko rozgrywa się
w znajomej
niezbyt wielkiej okolicy
między
Regio genus anterio
regio pubice
i regio oralis
a to co było niegdyś
przedsionkiem piekła
zostało zmienione
przez modną literatkę
w vestibulum
vaginae

Zapytajcie rodziców
być może pamiętają jeszcze
jak wyglądało dawne
realne Dno
dno nędzy
dno życia
dno moralne

Meanwhile

there was no longer any bottom
instinctively this was understood by
a certain young miss from Paris
and she wrote a composition
about copulation bonjour tristesse
about death bonjour tristesse
while grateful readers
on both sides
of the formerly so-called
iron curtain
bought her . . .
for its weight in gold
the young miss that lady
that young miss that lady
understood that there is no Bottom
no circles of hell
no rise
and no Fall
that everything is played out
in the familiar
none-too-large area
between
Regio genus anterio
regio pubice
and regio oralis
and what was once
the vestibule of hell
has been changed
by the fashionable lady of letters
into the vestibulum
vaginae

Ask your parents
perhaps they still remember
how the old
real Bottom looked
the bottom of misery
the bottom of life
the bottom of morality

„Dolce vita"
czy Krystyna Keller
żyła na dnie
raport lorda Denninga
stwierdza coś
wręcz przeciwnego
Mons pubis
z tego szczytu
roztaczają się rozległe
rosnące
widnokręgi

gdzie są szczyty
gdzie otchłanie
gdzie dno

czasem mam wrażenie
że dno dno współczesnych
leży płytko tuż pod powierzchnią
życia
ale to chyba jeszcze jedno złudzenie
być może istnieje w „naszych czasach"
potrzeba budowy
nowego przystosowanego
do naszych potrzeb
Dna

Mondo Cane
dlaczego ten obraz zrobił na mnie
wielkie wrażenie rosnące jeszcze
ciągle rosnące
Mondo Cane ein Faustschlag ins Gesicht
Mondo Cane film bez gwiazd
Mondo Cane
ludzie tam jedzą tańczą zabijają zwierzęta
„robią miłość" tańczą modlą się konają
kolorowy reportaż
o agonii
o agonii starych ludzi
o kuchni chińskiej
o agonii rekina

"Dolce vita"
did Christine Keeler
live at the bottom
Lord Denning's report
asserts something
exactly the opposite
Mons pubis
from that peak
stretch broad
broadening
horizons

where are the peaks
where the abysses
where the bottom

sometimes I have the impression
that the bottom the bottom of the people of today
lies shallow just beneath the surface
of life
but this is perhaps yet another illusion
perhaps there exists in "our day and age"
a need to build
a new
Bottom
adapted to our needs

Mondo Cane
why did this film make
such an impression on me that grows
stronger and stronger
Mondo Cane ein Faustschlag ins Gesicht
Mondo Cane a film without stars
Mondo Cane
the people in it eat dance kill animals
"have sex" dance pray die
reporting in technicolor
on death throes
the death throes of old people
Chinese cooking
the death throes of a shark

o przyprawach
o uśmiercaniu starych
samochodów
pamiętam zgniatanie form
zgniatanie metalu
pisk i zgrzytanie
unicestwianej karoserii
metalowe wnętrzności samochodu
cmentarz samochodów
jeszcze jeden sposób malowania
obrazów w takt niebieskiej muzyki
w Paryżu odciskanie ciała na białych płótnach
chusta świętej Weroniki
oblicze sztuki
usta milionerów usta ich kobiet
smażone mrówki larwy owady
czarne kopczyki na srebrnych misach
wargi jedzących
czerwone wargi w Mondo Cane
świecące czerwone wargi wielkie
poruszają się w Mondo Cane
Następnie rozpoczęto dyskusję
nad rozdziałem III schematu o Kościele
o ludzie Bożym i laikacie

Kardynał Ruffini
powiedział
że pojęcie Ludu Bożego
jest bardzo nieprecyzyjne
ponieważ III rozdział
nie otrzymał kwalifikowanej większości
głosów został odesłany
do Komisji Liturgicznej
dla przepracowania

W sąsiedztwie naszej winnicy była grusza, pełna owoców, nie nęcących ani kształtem, ani smakiem... wyznał Augustyn

spices
the doing to death of old
cars
I remember the crushing of forms
the crushing of metal
the squeal and screech
of a chassis being annihilated
the metal bowels of a car
an auto graveyard
yet another way of painting
pictures in tempo with celestial music
in Paris the imprint of bodies on white sheets
the veil of Saint Veronica
the face of art
the mouths of millionaires the mouths of their women
fried ants larvae insects
little black mounds on silver trays
the lips of people eating
the red lips in Mondo Cane
the glistening large red lips
move in Mondo Cane
Next a discussion was begun
of Chapter III of the Schema of the Church
concerning the "people of God" and the laity

Cardinal Ruffini
stated
that the concept of the "people of God"
was very imprecise
because Chapter III
had not received the required majority
of votes it had been sent back
to the Liturgical Commission
for revisions

There was a pear tree near our vineyard, laden with fruit,
tempting neither to the eye nor to the taste . . . confessed
Augustine

czy zwróciliście uwagę że
wnętrza nowoczesnych domów bożych
przypominają
poczekalnię dworca
kolejowego lotniczego

Spadając nie możemy
przybrać formy
postawy hieratycznej
insygnia władzy wypadają
z rąk

spadając uprawiamy nasze ogrody
spadając wychowujemy dzieci
spadając czytamy klasyków
spadając skreślamy przymiotniki

słowo spadanie nie jest
słowem właściwym
nie objaśnia tego ruchu
ciała i duszy
w którym przemija
człowiek współczesny

zbuntowani ludzie
potępione anioły
spadały głową w dół
człowiek współczesny
spada we wszystkich kierunkach
równocześnie
w dół w górę na boki
na kształt róży wiatrów

dawniej spadano
i wznoszono się
pionowo
obecnie
spada się
poziomo

1963

have you noticed that
the interiors of modern houses of God
look like
the waiting rooms
of railroad stations airports

Falling we cannot
assume a hieratic
stance posture
the insignia of power fall
from our hands

falling we cultivate our gardens
falling we bring up children
falling we read the classics
falling we cross out adjectives

the word falling is not
the right word
it does not explain that movement
of body and soul
with which the man of today
passeth away

rebels
angels damned
used to fall headfirst
the man of today
falls in all directions
simultaneously
downward upward sideways
in the form of a wind-rose

at one time people fell
and rose
vertically
nowadays
people fall
horizontally

1963

MÈLIÈS

Iluzjonista
dyrektor teatru „Robert Houdin"

Urodził się w roku 1861
umarł w roku 1938

nakręcił 400 filmów
krótkometrażowych
między innymi
w roku 1898
Pancernik Maine
następnie
Proces Dreyfusa
Joanna d'Arc
Faust
Wieki cywilizacji

zapomniano o nim

resztę życia
spędził w małym sklepie
z zabawkami

przypomniano sobie o nim

mnie interesuje
ten długi okres między
ostatnim filmem i śmiercią
okres spędzony
w sklepie z zabawkami
jego rozmowy
z dziećmi
jak demonstrował
stare i nowe zabawki
pociągał za sznurki
pajace
nakręcał samochody i lokomotywy
rozkazywał ołowianym żołnierzom

MÉLIÈS

The illusionist
the manager of the "Robert Houdin" theater

Was born in the year 1861
died in the year 1938

shot 400 films
shorts
among others
in 1898
the Battleship Maine
then
the Dreyfus trial
Joan of Arc
Faust
Ages of civilization

he was forgotten

the rest of his life
he spent in a small
toy store

he was remembered

what interests me is
that long period between
his last film and his death
the period spent
in the toy store
his conversations
with children
how he would demonstrate
toys old and new
pull the puppets
by the strings
wind up cars and trains
give orders to tin soldiers

żałuję że nie mogłem
w roku 1938
zrobić wywiadu z Mèlièsem

Czy pan chodzi do kina

I'm sorry I couldn't
in the year 1938
interview Méliès

Do you go to the movies

From *Twarz trzecia* (Face Number Three), 1968

WYJŚCIE

Słabi żyjemy
w zamkniętym kręgu
twarzy
słów nazwisk

inni nas określają
klasyfikują
przyszpilają

wiemy że trzeba rozbić
przekroczyć fałszywe koło
odejść

ale zostajemy

Rimbaud w Adenie
w roku 1880
zamówił szereg książek
między innymi
był tam „ślusarz doskonały"
„Mały stolarz"
lub coś w tym rodzaju
podręczniki
wypalania cegły wytapiania szkła
świec
górnictwa
spawania metali
murarstwa
kanalizacji

tak ten rzeczywiście
odszedł
ale i on
zbierał pieniądze
na powrót do domu
po śmierci poezji
chciał założyć
prawdziwą solidną rodzinę

WAY OUT

Weak we live
in a closed circle
of faces
words names

others define us
classify
pin down

we know it's necessary to break
to step out of the charmed circle
go off

yet we stay on

Rimbaud in Aden
in the year 1880
ordered a shelf full of books
among others
there was "The Complete Locksmith"
"Basic Cabinet-Making"
or something of the sort
manuals on
brick-making glass-making
candle-making
mining
welding
brick-laying
plumbing

yes he really did
go off
but even he
saved money
for his return home
after the death of poetry
he wanted to establish
a really respectable family

poświęcić się
wychowaniu syna
(który miał być oczywiście
nowym wspaniałym człowiekiem)
chciał też uregulować
swój stosunek do służby wojskowej
i tak dalej
i tak dalej

to pięknie

ale powiedzcie co ma robić
Rimbaud
który ma
pięćdziesiąt sześćdziesiąt
osiemdziesiąt lat

jakie książki
zamówić
gdzie wyjechać
co spalić
co opuścić

dedicate himself
to bringing up his son
(who was of course to be
a splendid new man)
he also wanted to determine the status
of his military obligation
and so on
and so on

that's all very fine

but tell me what's to be done by
a Rimbaud
who is
fifty sixty
eighty years old

what books
is he to order
where is he to go
what is he to burn
what to leave out

From *Twarz trzecia* (Face Number Three), 1968

NON-STOP-SHOWS

Teraz tworzy się rzecz bez początku i końca
nie ma tych umownych znaków zostały
zapomniane
teraz tworzy się spadając odchodząc
Nie mamy czasu nie mamy czasu na opis tapety
sukni oczu ust drzewa domu kanapy nogi
Zegary idą
ktoś wychowuje nasze dzieci
jeszcze jest czas
kto wychowuje nasze dzieci
jeszcze można walczyć
o wychowanie nowego człowieka
Zegary idą uśmiechamy się uprzejmie
nie mamy czasu nie mamy czasu
na wychowanie dzieci
Możliwości współczesnego człowieka
są nieograniczone na wychowanie dzieci
jeszcze nie jest za późno
współczesny człowiek leci przez kosmos
maszyny komponują muzykę
maszyny piszą wiersze
a więc jest poezja choć nie ma poetów
są młodzi poeci choć nie ma poezji
myślałem

Więc jednak są poeci
Więc jednak jest poezja
więc jemy pieczeń choć nie ma mięsa
są młodzi poeci
jakie to niezwykłe
zaskakujące
są młodzi poeci
znów są młodzi poeci
to jest wstrząsające
przypuszczam
że oni sami nie zdają sobie sprawy
jak niezwykłym niespodziewanym pięknym
wstrząsającym śmiesznym monstrualnym
są zjawiskiem

CONTINUOUS PERFORMANCES

Now things are created without beginning or end
no longer are there conventional signs they have been
forgotten
now people create while falling departing
We have no time we have no time to describe wallpaper
dress eyes lips tree house sofa leg
Clocks tick
someone is bringing up our children
there is still time
who brings up our children
it is still possible to struggle
for the upbringing of the new man
Clocks tick we smile politely
we have no time we have no time
for the upbringing of children
The possibilities of the man of today
are limitless it is still not too late
for the upbringing of children
the man of today flies through the cosmos
machines compose music
machines write poetry
and so there is poetry though there are no poets
there are young poets though there is no poetry
I thought

And so there are poets
And so there is poetry
and we do eat roasts though there is no meat
there are young poets
how unusual this is
startling
there are young poets
once more there are young poets
this is staggering
I suspect
they themselves don't realize
what an unusual unexpected beautiful
staggering ridiculous monstrous
phenomenon they are

myślałem że już nigdy nie będzie
młodych poetów
i oczywiście pomyliłem się
są przecież jeszcze gwiazdy tygrysy
słowiki kotlety kobiety szafy stoły armaty
powieści opaci generałowie sonety raki
politycy kapłani choć nie ma boga są
świątynie to dobrze że są młodzi poeci

Żeby pisać w naszych czasach
trzeba się ograniczyć zgodzić zamknąć
ogłuszyć
dawniej pisano z nadmiaru
dziś z braku
Możliwości współczesnego człowieka są ogromne
polegają one na ciągłym niepokoju
czy nie za późno
na miłość na naukę esperanto na podróże
na pisanie powieści na dzieci na piękno
na wiarę na życie na śmierć
Jesteśmy ogromnie zajęci
Nie znamy własnych dzieci
Opowiadałem synowi Hamleta
Ziemia w lipcu pachnie miodem
Ziemia otwiera się
Nie trzeba tragizować Rozwiązujemy krzyżówkę
poziomo imię żeńskie z trzech liter
pionowo nazwa pierwiastka
Ziemia pachnie grzybami
Oziębłość kobiet przyrost naturalny
przyrost naturalny w Szanghaju
walka z muchami komarami·wróblami
szczurami w Szanghaju
Wywabianie szczurów grą na flecie
i wyprowadzenie ich w ten sposób do ognia
czy wody było powszechnym środkiem
stosowanym w czasach średniowiecznych
Możliwości współczesnego człowieka
są wielkie Czy nie za późno
W lesie śpiewają ptaki

I thought there would never again be
young poets
and of course I was wrong
for there are still stars tigers
nightingales cutlets women wardrobes tables cannons
novels abbots generals sonnets crabs
politicians priests though there is no god there are
temples it's good there are young poets

To write in our times
you have to delimit compromise isolate
deafen yourself
people used to write from an excess
today from a lack
The possibilities of the man of today are immense
they depend on constant anxiety
whether it's not too late
for love for the study of esperanto for travel
for writing a novel for children for beauty
for faith for life for death
We are immensely busy
We do not know our own children
I was telling my son about Hamlet
The earth in July smells of honey
The earth opens up
No need to make a tragedy of things We are solving a
    crossword
horizontally a three-letter female name
vertically the name of an element
The earth smells of mushrooms
The frigidity of women natural population growth
natural population growth in Shanghai
the struggle against flies insects sparrows
rats in Shanghai
Luring rats by playing the flute
and leading them thus to fire
or water was a method universally
employed in the Middle Ages
The possibilities of the man of today
are great Isn't it too late
In the forest birds sing

Du... Dubo... Dubonnet... Jeder Schluck
ist Beruhigung und Genuss... jeder Schluck
erfrischt Sie und tut Ihren angespannten
Nerven gut. Den Tag beschliessen Den
Abend gewinnen
Czy jednak nie za późno
możemy wykorzystać wszystkie możliwości
ta dziewczyna ma na imię Ewa
usta Ewy pachną tytoniem w Paryżu
Das Spiel mit den Möglichkeiten
Więc czyta się gazetę książkę
Oziębłość kobiet jest winą mężczyzn
Lolita Recenzja
„Niebywały sukces Lolity to chyba najbardziej
sensacyjne wydarzenie literackie ostatniego
dziesiątka lat. Smak Lolity nie leży w opisach
Miłości mężczyzny w średnim wieku z dwunasto-
letnią dziewczynką... Lolita jest symbolem
cywilizacji amerykańskiej: młodej prężnej
wulgarnej niedojrzałej..." Fragment arykułu:
Obraz pewnego utalentowanego Hiszpana
przypominał do złudzenia krowie łajno
leżące na ziemi na drodze
łajno to było popstrzone czarnymi plamami
muchami
„równocześnie w malarstwie angielskim
                                        skrystalizowała
się w ostatnich czasach inna awangarda... W galerii
Marlborough odbyła się wystawa czterech członków
tej grupy: Hoylanda Plumba Furbulla i Stronda"

Aby jednak rozszerzyć krąg możliwości
opuszcza się miejsce stałego zamieszkania
tam za lasem jest morze
czytam że otrzymałem nagrodę
za twórczość poetycką
pytam syna czy czytał jakieś moje wiersze
idziemy do lasu
w naszych czasach wszystko robimy równocześnie
myśli się o klęskach o porażkach
można jeszcze coś zrobić czy nie za późno

Du . . . Dubo . . . Dubonnet . . . Jeder Schluck
ist Beruhigung und Genuss . . . jeder Schluck
erfrischt Sie und tut Ihren angespannten
Nerven gut. Den Tag beschliessen Den
Abend gewinnen
Isn't it too late though
we can exploit all the possibilities
that girl's name is Eve
Eve's lips smell of tobacco in Paris
Das Spiel mit den Möglichkeiten
So you read a newspaper a book
The frigidity of women is the fault of men
Lolita A review
"Lolita's unparalleled success is perhaps the most
sensational literary event of the past
decade. The flavor of Lolita is not in the descriptions
Of love-making between a middle-aged man and a twelve-
year-old girl . . . Lolita is a symbol
of American civilization: young dynamic
vulgar immature . . ." Part of an article:
A painting by a certain talented Spaniard
looked for all the world like cow dung
lying in the dirt on the road
this dung was dotted with black specks
flies
"at the same time a new avant-garde
has recently emerged in English painting. . . . In the
  Marlborough
Gallery the work of four members of this group
was exhibited: Hoyland Plumb Furbull and Strond"

And yet to broaden the range of possibilities
you have to leave your place of permanent residence
there beyond the woods is the sea
I read I've received an award
for writing poetry
I ask my son whether he's read any of my poems
we walk to the woods
in our times we do everything simultaneously
you think of debacles of defeats
you can still do something isn't it too late

można uciec
uciec do kina
można się schować w kinie
Garaż śmierci West Side Story Lolita
Zawrót głowy Lolitę widziałem w Monachium
Lolita Ta lolita to bardzo nudny długi
film z doskonałym aktorem który jest zły
w tym filmie lolita to taki sopelek
lodu dziewczynka bez zarostu pod pachami
jak laleczka On docent czy coś w tym rodzaju
Lolita okrutna naga laleczka bez włosów
tu i tam ta drewniana piła ten nudny
melodramat idzie od miesięcy w największym
kinie Monachium Royal-Theater
Monachium München
Italia Bar Harem-Bar Haremsfrauen
Bongo Bar Tai-Tung Beste Köche aus Chavgking
La-Boheme Szaszlik Bockwurst Riesenwurst
Intermezzo Striptease à la Paris
Moulin Rouge Bomben Variétéprogramm
Die Zwiebel Lola Montez Bar Pique Dame
Gastätte Nürnberger Bratwurstglöckl
Weiss und Bratwürste Hühnergustl
Schweinswürstl etc Playboys Bierhalle
Stachelschwein Schwabing
On parle français Eve Schöne Frauen
English spoken kucharze z Czungkingu
München Alte Pinakothek Alte Pinakothek
Alte Pinakothek
Cranach Der Jüngere
Frans Hals Dürer
Vulkan überrascht Venus und Mars
Boucher
Konditorei Bierhalle
bei der Feldherrnhalle Bierhalle
bei der Feldherrnhalle
Feldherrnhalle Feldherrnhalle
W Monachium
dotknął mnie głos z ciemności
słowa wypowiedziane
w moim języku

you can escape
escape to the movies
you can hide in the movies
The St. Valentine's Day Massacre West Side Story Lolita
Vertigo I saw Lolita in Munich
Lolita That Lolita stuff is a very tedious long
film with an excellent actor who is bad
in this film Lolita is such an
icicle a little girl with no hair under the arms
like a little doll He is a professor or something of the sort
Lolita a cruel naked little hairless doll
this wooden bore is everywhere this tedious
melodrama has been playing for months in Munich's
largest theater The Royal-Theater
Munich München
Italia Bar Harem-Bar Haremsfrauen
Bongo Bar Tai-Tung Beste Koche aus Chungking
La Bohème Shashlik Bockwurst Riesenwurst
Intermezzo Striptease à la Paris
Moulin Rouge Bomben Variétéprogramm
Die Zwiebel Lola Montez Bar Pique Dame
Gestätte Nürnberger Bratwurstglöckl
Weiss und Bratwürste Hühnergustl
Schweinswürstl etc Playboys Bierhalle
Stachelschwein Schwabing
On parle français Eve Schöne Frauen
English spoken chefs from Chungking
München Alte Pinakothek Alte Pinakothek
Alte Pinakothek
Cranach Der Jüngere
Frans Hals Dürer
Vulkan überrascht Venus und Mars
Boucher
Konditorei Bierhalle
bei der Feldherrnhalle Bierhalle
bei der Feldherrnhalle
Feldherrnhalle Feldherrnhalle
In Munich
out of the darkness a voice touched me
words uttered
in my language

wypowiedziane przez nieznanego człowieka
bez twarzy
który trzymał kufel piwa
kto to był ukrainiec serb czech
polak niemiec emigrant gestapowiec
który nauczył się kilkudziesięciu słów
polskich w czasie okupacji
konfident żołnierz oprawca ofiara
w mgnieniu oka
znalazłem się na stole sekcyjnym
odkryty związany unieruchomiony
otwarta znów została moja powłoka
cielesna wyjęte moje wnętrzności
mózg serce gniazdo pełne pomordowanych
w tym ulicznym samoobsługowym
szybkim barze
zobaczyłem twarz wroga pysk psa
faszysty wodza szczura wroga
jego palce zacisnęły się
na gardle ną sercu
jego ręka zimna i brudna
z jego ust padły te same słowa
Ale już w tej samej chwili
w gwarze i cieple w neonowych światłach
w oczach kobiet w uśmiechach
w ciepłym gwarze życia w gównie
w parujących wnętrznościach odchodach
w zapachu piwa i kiełbasy w łajnie
w dźwiękach mechanicznej muzyki
w piersiach i pośladkach w raju w cudzie
Bratwurst Weisswurst Schweinwurst
Wienerwald Czungking
Knuspriges Hendl
echt Münchner Wurstwaren
Pschorr Biere Tanz Bar MADISON
upadłem czołgałem się krwawiłem
czołgałem się rynsztokiem śmiałem się
w neonowych światłach Non-stop-shows
w dźwiękach murzyńskiej muzyki
w ciemności znów
zakryłem twarz

uttered by an unknown man
faceless
holding a mug of beer
who was it a ukrainian a serb a czech
a pole a german an émigré a gestapo agent
who had learned a few dozen
polish words during the occupation
an informer a soldier an executioner a victim
in the twinkling of an eye
I found myself on a dissecting table
stripped tied restrained
again my mortal sheath was opened
my innards removed
brain heart nest filled with the murdered
in this quick self-service
counter
I saw the face of the enemy the muzzle of a dog
of a fascist a führer a rat an enemy
his fingers tightened
around my throat heart
his hand cold and dirty
from his lips fell those same words
But at this very instant
in the buzz and warmth of neon lights
in the eyes of women in smiles
in the warm buzz of life in the shit
in the steaming guts excrement
in the reek of beer and sausage in the dung
in the sounds of the jukebox
in breasts and buttocks in paradise in miracle
Bratwurst Weisswurst Schweinswurst
Wienerwald Chungking
Knuspriges Hendl
echt Münchner Wurstwaren
Pschorr Biere Tanz Bar MADISON
I fell I crawled I bled
I crawled in the gutter I laughed
in the neon lights of continuous performances
in the sounds of negro music
in darkness again
I covered my face

nienawiść wypełniła mnie śmierć śmiech
śmiech śmierci sen śmiech
śmierć śmiechu śmierć snu

Schloss Nymphenburg
park we mgle
ale posągi drzewa we mgle
lustro wody liście cisza barok we mgle
w jesiennej mgle
twarz mojego niemieckiego przyjaciela
Nymphenburg Schloss
Nymphen gdzie prowadzą te aleje
giną we mgle
z mgły wychodzi stary człowiek
z mgły wychodzi młoda dziewczyna
patrzę na park mgła
na zamek mgła
patrzę w oczy przyjaciela we mgle
jest las za lasem jest morze
jest morze
rozwiązujemy krzyżówkę
nagle
widzi się że możliwości są ograniczone
czy można jeszcze zostać świętym
czy nie za późno
na rehabilitację pośmiertną
czeka się mimo wszystko długo

Wyjechałem na to pustkowie
przed tygodniem
przez te dni towarzyszyło mi uczucie
że za tym lasem nie ma już świata
Teraz wiem że z naszego świata nie wolno
wychodzić
nie wolno się od niego oddalać
dawniej można było odejść na pustynię
teraz trzeba być ciągle obecnym
wszyscy są ciągle obecni
z naszego świata nie wolno wychodzić
nawet na jedną dobę
wszystko musi być ze sobą połączone

hatred filled me death laughter
the laughter of death the dream of death
the death of laughter the death of the dream

Schloss Nymphenburg
a park in the mist
but statues trees in the mist
a mirror of water leaves stillness baroque in the mist
in the autumn mist
the face of my German friend
Nymphenburg Schloss
Nymphen where the avenues lead
fade in the mist
out of the mist emerges an old man
out of the mist emerges a young girl
I look at the park mist
at the castle mist
I look into the eyes of my friend in the mist
there is a wood beyond the wood there is the sea
there is the sea
we are solving a crossword
suddenly
it's clear the possibilities are limited
can you still become a saint
isn't it too late
for posthumous rehabilitation
you wait a long time despite everything

I left for this wasteland
a week ago
all this time I have been accompanied by the feeling
that beyond this wood is no more world
Now I know it is forbidden to leave
our world
it is forbidden to withdraw from it
once you could go off into the desert
now you have to be constantly present
everyone is constantly present
it is forbidden to leave our world
even for twenty-four hours
everything must be interconnected

Wczoraj **próbowałem** opisać morze
jeszcze wczoraj
nie brakowało mi odwagi
żeby opisywać morze twarz umarłego
drzewo ziemię słońce jabłko
Jawa ma żar słońca
a sen łagodność i ciszę miesiąca
Lolita
lolita
Nabokowa
Ciało moje
to czterdziestoletnie oswojone
zwierzę domowe
wiosna otwiera
daje ciemne znaki
i o zmierzchu krzyczą we mnie ptaki
z okrągłymi piersiami
z okrągłymi białymi piersiami
z okrągłymi ślepymi piersiami
ze ślepymi piersiami
z białymi ślepymi piersiami
Dawne erotyki bywały opisami ciała
właściwy erotyk współczesny erotyk
moim zdaniem to nie opis kobiecego
ciała ale opis braku kobiety Najlepszy
najpożywniejszy najplastyczniejszy
opis chleba to opis głodu
w Kara-Korum w świątyni boga miłości
kobiety nadziane jak na rożen
z otwartymi ustami
mam lat czterdzieści jeden
siedzę przy stole patrzę w okno
jasny deszcz w ciemnych koronach
drzew
nisko złote
łubiny deszcz streszczam mojemu synowi
Hamleta
mówię o duchu który
o szczurze za kotarą
siwobrodym gadule

Yesterday I tried to describe the sea
as recently as yesterday
I did not lack the courage
to try describing the sea the face of a dead man
tree earth sun apple
Wakefulness has the heat of the sun
and sleep the gentleness and stillness of the moon
Lolita
Nabokov's
Lolita
This body of mine
this tamed forty-year-old
domestic animal
spring opens
gives dark signs
and at twilight birds cry out in me
with rounded breasts
with rounded white breasts
with rounded blind breasts
with blind breasts
with white blind breasts
The love poems of long ago used to describe bodies
a proper love poem of today a love poem
in my opinion is not a description of a woman's
body but a description of the absence of woman The best
the most nourishing the most graphic
description of bread is a description of hunger
in Kara-Korum in the temple of the god of love
women are impaled as if on a spit
with open mouths
I am forty-one years old
I sit at the table I look out the window
bright rain in the dark crowns
of trees
below golden
lupins rain I tell my son
the plot of Hamlet
I speak of the ghost which
of the rat behind the arras
the gray-bearded babbler

myślę o gładkich
jak mleko udach królowej matki
o zbezczeszczonej łożnicy małżeńskiej
i tak dalej i tak dalej
pytanie z monologu Hamleta
przemilczę
to zbyt okrutny żart
dla współczesnego człowieka

Słyszę głos który do mnie mówi
słyszę siebie mówiącego do mnie
Myliłeś się
trzeba się zgodzić
już czas
już mam czterdzieści jeden czterdzieści dwa lata
naprawdę trzeba się zgodzić
trzeba nawiązać zerwane nici więzy przywiązania
przecież znów jest poezja
wszystko jeszcze będzie
zapominam tak wolno
mówię jeszcze mówię ciągle
pamiętam że coś powinno się łączyć
z czymś
wyrażać coś
lecz nie wiem w jakim celu

łagodnie uśmiechnięta promienna twarz
wielkie ciepłe czeka cierpliwie na powrót syna
marnotrawnego na mój powrót
Wyruszyłem z domu opuściłem
mój dom moje gniazdo opuściłem łono
teraz mam wrócić i przycisnąć moją twarz
zamknąć oczy i usta zalepić uszy woskiem
optymistyczny miły
czysty poeta

Kwiecień — grudzień 1963

I think about the milk-smooth thighs
of the queen his mother
of the defiled marital couch
and so on and so on
the question from Hamlet's monologue
I shall pass over in silence
it is too cruel a joke
for the man of today

I hear a voice speaking to me
I hear myself speaking to myself
You were wrong
you have to reconcile yourself
it's high time
I'm already forty-one forty-two years old
you really have to reconcile yourself
you have to bind up the broken threads bonds ties
after all poetry exists once more
everything will be again
I forget so slowly
I still talk constantly talk
I remember something should be linked
with something else
express something
but I don't know to what purpose

a gently smiling radiant face
a great warmth patiently awaits the return of the prodigal
son my return
I set out from the house I abandoned
my house my nest abandoned the bosom
now I am to return and press my face
close my eyes and lips stop up my ears with wax
an optimistic nice
pure poet

April–December 1963

MOJA POEZJA

niczego nie tłumaczy
niczego nie wyjaśnia
niczego się nie wyrzeka
nie ogarnia sobą całości
nie spełnia nadziei

nie stwarza nowych reguł gry
nie bierze udziału w zabawie
ma miejsce zakreślone
które musi wypełnić

jeśli nie jest mową ezoteryczną
jeśli nie mówi oryginalnie
jeśli nie zadziwia
widocznie tak trzeba

jest posłuszna własnej konieczności
własnym możliwościom
i ograniczeniom
przegrywa sama ze sobą

nie wchodzi na miejsce innej
i nie może być przez inną zastąpiona
otwarta dla wszystkich
pozbawiona tajemnicy

ma wiele zadań
którym nigdy nie podoła

1965

MY POETRY

explains nothing
clarifies nothing
renounces nothing
embraces no whole
fulfills no hope

creates no new rules of the game
takes no part in play
has a fixed territory
which it must fill

if it is no esoteric language
if it speaks with no originality
if it fails to astonish
evidently that's the way things should be

it is obedient to its own imperative
its own possibilities
and limitations
it loses the game with itself

it enters the territory of no other poetry
and can be replaced by no other
it is open to all
devoid of mystery

it has many tasks
it will never be equal to

1965

WSPOMNIENIE SNU Z ROKU 1963

Śnił mi się
Lew Tołstoj

leżał w łóżku
ogromny jak słońce
w grzywie
zmierzwionych kudłów

lew

widziałem jego
głowę
twarz ze złotej falującej blachy
po której spływało
nieprzerwanie światło

nagle zgasł
poczerniał
a skóra jego rąk i twarzy
była szorstka
spękana
jak kora dębu

zadałem mu pytanie
„co czynić"

„nic"
odpowiedział

wszystkimi rysami
pęknięciami
popłynęło do mnie światło
olbrzymi promienny uśmiech
rozpalał się

1968

MEMORY OF A DREAM FROM THE YEAR 1963

I dreamed of
Leo Tolstoy

he was lying in bed
huge as the sun
in a mane
of tangled hair

the lion

I saw his
head
the face of corrugating golden iron
down which flowed
unbroken light

suddenly he was snuffed out
he turned black
and the skin of his hands and face
was rough
cracked
as the bark of an oak

I put the question to him
"what is to be done"

"nothing"
he replied

through all the furrows
crevices
the light began streaming toward me
an immense radiant smile
kept kindling

1968

DOMOWE ĆWICZENIA
NA TEMAT ANIOŁÓW

Anioły
strącone

są podobne
do płatków sadzy
do liczydeł
do gołąbków nadziewanych
czarnym ryżem
są też podobne do gradu
pomalowanego na czerwono
do niebieskiego ognia
z żółtym językiem

anioły strącone
są podobne
do mrówek
do księżyców które wciskają się
za zielone paznokcie umarłych

anioły w raju
są podobne do wewnętrznej strony uda
niedojrzałej dziewczynki

są jak gwiazdy
świecą w miejscach wstydliwych
są czyste jak trójkąty i koła
mają w środku
ciszę

strącone anioły
są jak otwarte okna kostnicy
jak krowie oczy
jak ptasie szkielety
jak spadające samoloty
jak muchy na płucach padłych żołnierzy
jak struny jesiennego deszczu
co łączą usta z odlotem ptaków

HOMEWORK ASSIGNMENT ON
THE SUBJECT OF ANGELS

Fallen
angels

resemble
flakes of soot
abacuses
cabbage leaves stuffed
with black rice
they also resemble hail
painted red
blue fire
with a tongue of gold

fallen angels
resemble
ants
moons that press
beneath the green nails of the dead

angels in paradise
resemble the inside of the thigh
of an adolescent girl

they are like stars
they shine in shameful places
they are pure like triangles and circles
they have in the middle
stillness

fallen angels
are like the open windows of a mortuary
like the eyes of cows
like the skeletons of birds
like falling airplanes
like flies on the lungs of fallen soldiers
like strings of autumn rain
that tie lips with a flight of birds

milion aniołów
wędruje
po dłoniach kobiety

są pozbawione pępka
piszą na maszynach do szycia
długie poematy w formie
białego żagla

ich ciała można szczepić
na pniu oliwki

śpią na suficie
spadają kropla po kropli

1964—1968

a million angels
wander
over a woman's palms

they lack a navel
on sewing machines they type
long poems in the shape
of a white sail

their bodies can be grafted
on the stump of an olive tree

they sleep on ceilings
they fall drop by drop

1964–1968

Notes

TRANSLATORS' INTRODUCTION

¹ Seven prominent Polish writers are mentioned in the Introduction. The following is an attempt to approximate the pronunciation of their names in terms intelligible to the English-speaking reader who knows no Polish.

Tadeusz Różewicz	Tah-dáy-oosh Roo-zháy-veetch
Mrożek	Mró-zhek
Mickiewicz	Meets-kiáy-veetch
Słowacki	Swo-váts-kee
Tuwim	Tóo-veem
Pryzyboś	Pshí-bosh (*i* as in *it*)
Ważyk	Váh-zhik (*i* as in *it*)

² Anna Kamieńska, "Krajobraz po trzęsieniu ziemi," *Od Leśmiana* (*Najpiękniejsze wiersze polskie*), Warsaw, 1974, p. 232. "We were all twenty-four. . . . we all survived being led to the slaughter" is a reference to Różewicz's poem "The Survivor" (see page 7).

³ "Do źródeł," *Proza*, Wrocław, 1973, p. 493.

⁴ *Ibid.*, p. 493.

⁵ "Napisy na ścianach," *Proza*, pp. 558–559.

⁶ Różewicz wrote two poems entitled "Way Out." Both are translated in this collection. The one with Rimbaud occurs in *Face Number Three* (*Twarz trzecia*), 1968.

⁷ "Do źródeł," p. 496.

⁸ *Ibid.*, p. 494.

⁹ Since 1969 he has been writing poetry rather irregularly, concentrating instead on drama and prose.

MASK

"small black / heads cruel smiles stuck together with plaster of Paris": during public executions in World War II, the Germans stopped up the mouths of their victims with plaster of Paris to prevent them from shouting patriotic slogans.

WAITER, THE CHECK

"a national November holiday": November has strong historical and religious associations for Poles. In November, 1830, they rose against the Russians. They were crushed, and the result was economic ruin for the nobility, and the curtailment of political and personal liberties for everyone. November 2 is All Souls Day, when the intensely Catholic Poles make much of paying their respects to the dead, particularly the heroes of the various struggles for independence (1830, 1863, and, most recently, the Warsaw Uprising of 1944).

"this revolution is / gentle": Polish communists, on taking power after World War II, tried to reassure the populace that their revolution would avoid the bloodshed of the Bolshevik Revolution in Russia. The term "gentle revolution" was actually used by one of the cultural leaders of the time.

STONE IMAGINATION

"the Ukrainians caught up with him in the sewer": a number of Ukrainian nationalists, extremely hostile both to the Russians and the Poles, were used by the Nazis for various dirty jobs during the occupation of Poland.

QUICKER THAN IN THE WILDEST DREAM

Tatabanya is an important industrial center in northern Hungary. During the period of socialist realism (1949-1955), writers were often sent on assignment to the provinces for the sake of producing enthusiastic reportage on the achievements of socialist construction. Różewicz was one of the rare ones fortunate enough to be able to honor this duty by traveling to a foreign country.

IT WAS JANUARY

"gray-green . . . uniforms": the color (*Feldgrau*) of the combat uniform of the German army.

In January, 1945, the great westward offensive of the Soviet army began, after the front had been static for several months, during which the Warsaw Uprising (August, 1944) was crushed by the Germans.

VOICES OF EXPENDABLE PEOPLE

"children passing by / with white doves on wooden sticks": the reference is to the "doves of peace" that fluttered prominently during the late 1940s and early 1950s, when the international communist movement was vigorously promoting a "peace campaign" throughout the world.

A TREE

This is one of Różewicz's few poems with a rhyme scheme. We have not attempted to render it.

SHE LOOKED AT THE SUN

The relics of St. Florian were brought to Cracow from Northern Italy in the twelfth century. Among the common people, St. Florian became a protector against fire, and firemen are jokingly known as "The knights of St. Florian."

CONVERSATION WITH THE PRINCE

The three lines of German translate as: "A beautiful thought / to lie between / the legs of a girl." They may well be an echo of a Latin jingle popular among secondary-school boys in Central Europe before World War II: "Inter pedes puellarum / Est voluptas puerorum." The last line of the poem translates as: "The brain decays as does the arse."

The "author's remark" is partly misleading. The last line is an exact quote from Gottfried Benn's poem "Fleisch." There are almost exact quotes from Shakespeare (hence our occasional lapses into Elizabethan). There are, however, no word-for-word borrowings from Eliot. Rather, we find references to, and echoes of, "The Love Song of J. Alfred Prufrock," "The Wasteland," and "The Hollow Men"; and one of Eliot's motifs is expanded: the words "Politic, cautious and meticulous," used in reference to Polonius / Prufrock ("Prufrock," line 116), are the sources of some twenty lines in the Różewicz poem, beginning with "lounging amidst / tame people."

THE FEEDING OF PEGASUS

Among poets of the older generation, Staff (1878–1957) is the only one Różewicz truly admires. He has edited an anthology of Staff's works, entitled *Kto jest ten dziwny nieznajony* (*Who Is This Unusual Stranger*), Warsaw, 1964. During his long career, which began considerably before World War I, Staff showed an amazing capacity for absorbing new developments in Polish poetry. Toward the end of his life, he even began to reflect the influence of Różewicz.

FALLING

Christine Keeler was the prostitute who figured prominently in the so-called "Profumo affair," which nearly brought down the British government in 1963. (Różewicz spells the name "Keller.")

Różewicz was fascinated with the Italian film *Mondo Cane*, which was highly popular in the early 1960s; probably he saw it for the first time in Munich. "Ein Faustschlag ins Gesicht"—no doubt an advertising slogan for the film—translates as "a blow in the face."

CONTINUOUS PERFORMANCES

For this poem Różewicz uses the English title "Non-Stop-Shows," which is a common European way of rendering "continuous performances." This is one of the several collage poems Różewicz wrote in the 1960s. "Świat 1906—Collage" ("The World of 1906–Collage") and "Fragmenty z dwudziestolecia" ("Fragments from Two Prewar Decades") are better poems, but they contain a wealth of local allusions and quotations from Polish poetry and would have required excessively heavy annotation for a non-Polish reader. The German words and phrases are quotes from advertising slogans, the names of shops, bars, restaurants, etc., by which Różewicz tries to suggest the chaos and triviality of modern life.

Bibliographical Note

IN POLISH, virtually all of Różewicz's works have been collected in three volumes: *Poezje zebrane* (*Collected Poetry*, 1971), *Sztuki teatralne* (*Pieces for the Theater*, 1972), and *Proza* (*Prose*, 1973). The first includes everything written between 1947 and 1969: Różewicz has written few poems since then. The second includes all his plays with the exception of *Białe małżeństwo* (*Unconsummated Marriage*), which was published in *Dialog*, February, 1974; it also offers essays on the theater, which are good examples of Różewicz's skill as a polemicist of highly original ideas. *Proza* includes the bulk of his work as a writer of prose-fiction, beginning with the volume *Opadły liście z drzew* (*Fallen Leaves from Trees*, 1955) through his short novel *Śmierć w starych dekoracjach* (*Death Amidst Old Stage Props*, 1970). It also includes *Przygotowanie do wieczoru autorskiego* (*Preparation for an Author's Evening*), a series of short essays dealing largely with problems of literary theory.

Available in German is a good collection of Różewicz's poems, entitled *Tadeusz Różewicz: Formen der Unruhe: Gedichte*, Munich (Carl Hanser Verlag), 1965. The translator is Karl Dedecius, whose outstanding work in bringing Polish literature to a German-speaking audience has been recognized with many awards from Polish literary organizations.

In English, several poems appear in Czesław Miłosz's anthology *Postwar Polish Poetry*, Garden City, N.Y., 1965. *Polish Writing Today*, Penguin Books, 1967, contains poems translated by Miłosz and by Adam Czerniawski, Jan Darowski, Peter Janson-Smith, and Celina Wieniawska. Czerniawski has published a selection of twenty-six poems under the title *Faces of Anxiety*, Chicago, 1969. He has also translated six of the plays, which are included in two volumes entitled *The Card Index and Other Plays*, New York, 1969, and *The Witnesses and Other Plays*, London, 1970.

Readers who wish to know more about Polish literature

generally are referred to Czesław Miłosz, *The History of Polish Literature*, London, 1969. It also contains many excerpts from poetry, both in Polish and in English translation.

The Lockert Library of Poetry in Translation

George Seferis: Collected Poems (*1924–1955*), translated, edited, and introduced by Edmund Keeley and Philip Sherrard

Collected Poems of Lucio Piccolo, translated and edited by Brian Swann and Ruth Feldman

C. P. Cavafy: Collected Poems, translated by Edmund Keeley and Philip Sherrard and edited by George Savidis

Benny Andersen: Selected Poems, translated by Alexander Taylor

Selected Poetry of Andrea Zanzotto, translated and edited by Ruth Feldman and Brian Swann

Poems of René Char, translated by Mary Ann Caws and Jonathan Griffin

Selected Poems of Tudor Arghezi, translated and edited by Michael Impey and Brian Swann

Library of Congress Cataloging in Publication Data

Różewicz, Tadeusz.
  The survivor and other poems.

    (The Lockert library of poetry in translation)
    Includes bibliographical references.
    I. Krynski, Magnus J., 1922-   II. Maguire,
  Robert A., 1930-   III. Title.
  PG7158.R63A26   891.8517   76-3034
  ISBN 0-691-06315-X
  ISBN 0-691-01332-2 pbk.